本書根據中山大學圖書館藏光緒十二年（1886）石頭書院刻本影印

文翰樵
西樵歷史文化文獻叢書

# 霍勉齋集（一）

（明）霍與瑕 撰

广西师范大学出版社
GUANGXI NORMAL UNIVERSITY PRESS
·桂林·

圖書在版編目（CIP）數據

霍勉齋集：全 4 册 /（明）霍與瑕撰．—影印本．
桂林：廣西師範大學出版社，2014.6
（西樵歷史文化文獻叢書）
ISBN 978-7-5495-4977-1

Ⅰ．①霍…　Ⅱ．①霍…　Ⅲ．①霍與瑕（1521～1599）—文集　Ⅳ．①Z429.48

中國版本圖書館 CIP 數據核字（2013）第 310365 號

廣西師範大學出版社出版發行
（廣西桂林市中華路 22 號　郵政編碼：541001
網址：http://www.bbtpress.com）
出版人：何林夏
全國新華書店經銷
廣西大華印刷有限公司印刷
(廣西南寧市高新區科園大道 62 號　郵政編碼：530007)
開本：890 mm × 1 240 mm　1/32
印張：54.25　　　字數：400 千字
2014 年 6 月第 1 版　　2014 年 6 月第 1 次印刷
定價：189.00 元（全四册）

---

# 《西樵歷史文化文獻叢書》編輯委員會

顧　問：梁廣大　蔣順威　陳春聲

主　編：温春來　梁耀斌

副主編：黄國信　梁全財　梁惠顔　倪俊明　林子雄

編　委：（按姓名拼音排序）

陳　琛　陳俊勳　陳榮全　鄧秀珊　馮志剛

關　祥　黄國信　黎三牛　梁惠顔　梁結霞

梁全財　梁耀斌　林少青　林子雄　劉國良

麥建樂　麥紹強　倪俊明　歐美萍　區權章

任建敏　任文倉　温春來　吴國聰　余兆禮

張國英　張傑龍　植建明　周廣佳　周雲生

# 叢書總序

温春來　梁耀斌

呈現在讀者面前的，是一套圍繞佛山市南海區西樵鎮編修的叢書。爲一個鎮編一套叢書並不出奇，但爲一個鎮編撰一套多達兩三百種圖書的叢書可能就比較罕見了。編者的想法其實挺簡單，就是要全面整理西樵鎮的歷史文化資源，探索一條發掘地方歷史文化資源的有效途徑。最後編成一套規模巨大的叢書，僅僅因爲非如此不足以呈現西樵鎮深厚而複雜的文化底蘊。叢書編者秉持現代學術理念，並非好大喜功之輩。僅僅爲確定叢書框架與大致書目，編委會就組織七八人，研讀各個版本之西樵方志，通過各種途徑檢索全國各大公藏機構之古籍書目，並多次深入西樵鎮各村開展田野調查，總計歷時六月餘之久。隨着調研的深入，編委會益發感覺到面對着的是一片浩瀚無涯的知識與思想的海洋，於是經過反復討論、磋商，決定根據西樵的實際情況，編修一套有品位、有深度、能在當代樹立典範並能夠傳諸後世的大型叢書。

## 天下之西樵

明嘉靖初年，浙江著名學者方豪在《西樵書院記》中感慨：『西樵者，天下之西樵，非嶺南之西樵也。』① 此話係因當時著名理學家、一代名臣方獻夫而發，有其特定的語境，但卻在無意之間精當地揭示了西樵在整個中華文明與中國歷史進程中的意義。

西樵鎮位於珠江三角洲腹地的佛山市南海區西南部，北距省城廣州 40 多公里，以境內之西樵山而得名。西樵山由第三紀古火山噴發而成，山峰石色絢爛如錦。相傳廣州人前往東南羅浮山采樵，謂之東樵，往西面錦石山采樵，謂之西樵，『南粵名山數二樵』之説長期流傳，在廣西俗語中也有『桂林家家曉，廣東數二樵』之句。珠江三角洲平野數百里，西樵山拔地而起於西江、北江之間，面積約 14 平方公里，中央主峰大科峰海拔 340 餘米。據説過去大科峰上有觀日臺，雞鳴登臨可觀日出，夜間可看到羊城燈火。如今登上大科峰，一覽山下魚塘河涌縱橫，闤闠閭閻錯落相間，西、北兩江左右爲帶。

西樵山幽深秀麗，是廣東著名風景區。然而更值得我們注意的，是以她爲核心的一塊僅有 100 多平方公里的土地，在中國歷史的長時段中，不斷產生出具有標志性意義的文化財富以及能夠成爲某個時代標籤的歷史人物。珠江三角洲是一個發育於海灣内的複合三角洲，其發育包括圍田平原和沙田平原的先後形成過程。西樵山見證了這一過程，並且在這一片廣闊區域的文明起源與演變的歷史中扮演着重要角色。作爲多次噴發後熄滅的古火山丘，組成西樵山山體的岩石種類多樣，其中有華南地區並不多見的霏細岩與燧石，這兩種岩石因石質堅硬等原因，成爲古人類製作石器的理想材料。大約 6000 年前，當今天的珠江三角洲還是洲潭遍佈、一片汪洋的時候，這一片地域的史前人類，就不約而同地彙集到優質石料蘊藏豐富的西樵山，尋找製造生產工具的原料，留下了大量打製、磨製的雙肩石器和大批有人工打擊痕跡的石片。在著名考古學家賈蘭坡

① 方豪：《棠陵文集》（收入《四庫全書存目叢書》集部第 64 册），卷 3，《記・西樵書院記》。

先生看來，當時的西樵山是我國南方最大規模的採石場和新石器製造基地，北方只有山西鵝毛口能與之比肩，因此把它們並列爲中國新石器時代南北兩大石器製造場①，並率先提出了考古學意義上的『西樵山文化』②。以霏細岩雙肩石器爲代表的西樵山石器製造品在珠三角的廣泛分佈，意味着該地區『出現了社會分工與産品交换』③，這些凝聚着人類早期智慧的工具，指引了嶺南農業文明時代的到來，所以有學者將西樵山形象地比喻爲『珠江文明的燈塔』④。除珠江三角洲外，以霏細岩爲原料的西樵山雙肩石器，還廣泛發現於粤西、廣西及東南亞半島的新石器至青銅時期遺址，顯示出瀕臨大海的西樵古遺址，不但是新石器時代南中國文明的一個象徵，而且其影響與意義還可以放到東南亞文明的範圍中去理解。

不過，文字所載的西樵歷史並没有考古文化那麽久遠。儘管在當地人的歷史記憶中，南越王趙佗陪同漢朝使臣陸賈游山、唐末曹松推廣種茶、南漢開國皇帝之兄劉隱宴遊是很重要的事件，但在留存於世的文獻系統中，西樵作爲重要的書寫對象出現要晚至明代中葉，這與珠江三角洲在經濟、文化上的崛起是一脈相承的。當時，著名理學家湛若水、霍韜以及西樵人方獻夫等在西樵山分别建立了書院，長期在此讀書、講學，他們的許多思想産生或闡釋於西樵的山水之間，例如湛若水在西樵設教，門人記其所言，是爲《樵語》。方獻夫在《西樵遺稿》中談到了他與湛、霍二人在西樵切磋學問的情景：『三（書）院鼎峙，予三人常來往，講學其間，藏修十餘年。』⑤王陽明對三人的論學非常期許，希望他們珍惜機會，時時相聚，爲後世儒林留下千古佳

① 賈蘭坡、尤玉柱：《山西懷仁鵝毛口石器製造場遺址》，《考古學報》1973年第2期。
② 賈蘭坡：《廣東地區古人類學及考古學研究的未來希望》，《理論與實踐》1960年第3期。
③ 楊式挺：《試論西樵山文化》，《考古學報》1985年第1期。
④ 曾騏：《珠江文明的燈塔——南海西樵山考古遺址》，中山大學出版社，1995年，第30—42頁。
⑤ 方獻夫：《西樵遺稿》，康熙三十五年（1696）方林鶴重刊本，卷6，《石泉書院記》。

話，他致信湛若水時稱：『叔賢（即方獻夫）志節遠出流俗，渭先（即霍韜）雖未久處，一見知爲忠信之士，乃聞不時一相見，何耶？英賢之生，何幸同時共地，又可虛度光陰，容易失卻此大機會，是使後人而復惜後人也！』① 西樵山與作爲明代思想與學術主流的理學之關係，意味着她已成爲一座具有全國性意義的人文名山，這正是方豪『天下之西樵』的涵義。清人劉子秀亦云：『當湛子講席，五方問業雲集，山中大科之名，幾與嶽麓、白鹿鼎峙，故西樵遂稱道學之山。』② 方豪同時還稱：『西樵者，非天下之西樵，天下後世之西樵也。』一語道出了人文西樵所具有的長久生命力。這一點方豪也沒有説錯，除上述幾位理學家外，從明中葉迄今，還有衆多知名學者與文章大家，諸如陳白沙、李孔修、龐嵩、何維柏、戚繼光、郭棐、葉春及、李待問、屈大均、袁枚、李調元、温汝適、朱次琦、康有爲、丘逢甲、郭沫若、董必武、秦牧、賀敬之、趙樸初等等，留下了吟詠西樵山的詩、文，今天我們走進西樵山，還可發現 140 多處摩崖石刻，主要分佈在翠岩、九龍岩、金鼠塱、白雲洞等處。與西樵成爲嶺南人文的景觀象徵相應的是山志編修。嘉靖年間，湛若水弟子周學心編纂了最早的《西樵山志》，萬曆年間，霍韜從孫霍尚守以周氏《樵志》『誇誕失實』之故而再修《西樵山志》，清初羅國器又加以重修，這三部方志已佚失，我們今天能看到的是乾隆初年西樵人士馬符録留下的志書。除山志外，直接以西樵山爲主題的書籍尚有成書於清乾隆年間的《西樵遊覽記》、道光年間的《西樵白雲洞志》、光緒年間的《紀遊西樵山記》等。

晚清以降，西樵山及其周邊地區（主要是今天西樵鎮範圍）產生了一批在思想、藝術、實業、學術、武術

---

① 王陽明：《王文成全書》，四庫本，卷 4，《文録·書一·答甘泉二》。

② 劉子秀：《西樵遊覽記》，道光十三年（1833）補刊本，卷 2，《圖説》。

等方面走在中國最前沿的人物，成爲中國走向近代的一個縮影。維新變法領袖康有爲、一代武術宗師黄飛鴻、民族工業先驅陳啟沅、『中國近代工程之父』詹天佑、清末出洋考察五大臣之一的戴鴻慈、『嶺南第一才女』冼玉清、粵劇大師任劍輝等西樵鄉賢，都成爲具有標志性或象徵性的歷史人物。

事實上，明代諸理學家講學時期的西樵山，已非與世隔絶的修身之地，而是與整個珠江三角洲的開發聯繫在一起的。西樵鎮地處西、北江航道流經地域，是典型的嶺南水鄉，境内河網交錯，河涌多達 19 條，總長度 120 多公里，將鎮内各村聯成一片，並可外達佛山、廣州等地。① 傳統時期，西樵的許多墟市，正是在這些水邊興起的。今鎮政府所在地官山，在正德、嘉靖年間已發展成爲觀（官）山市，是爲西樵有據可查的第一個墟市。據統計，明清時期，全境共有墟市 78 個。② 西樵山上的石材、茶葉可通過水路和墟市，滿足遠近各方的需求。一直到晚清之前，茶業在西樵都堪稱舉足輕重，清人稱『樵茶甲南海，山民以茶爲業，鬻茶而舉火者萬家』③。當年山上主要的採石地點，後由於地下水浸漫而放棄的石燕岩洞，因生産遺跡完整且水陸結合而受到考古學界重視，成爲繼原始石器製造場之後的又一重大考古遺址。

水網縱横的環境使得珠江三角洲堤圍遍佈，西樵山剛好地處横跨南海、順德兩地的著名大型堤圍——桑園圍中，而且是桑園圍形成的地理基礎之一。歷史時期，西、北江的沙泥沿着西樵山和龍江山、錦屏山等海灣中島嶼或丘陵臺地旁邊逐漸沉積下來。宋代珠江三角洲沖積加快，人們開始零零星星地修築一些『秋欄基』

① 《南海市西樵山旅遊度假區志》，廣東人民出版社，2009 年，第 188—192 頁。
② 《南海市西樵山旅遊度假區志》，第 393 頁。
③ 劉子秀：《西樵遊覽記》，卷 10，《名賢》。

以阻擋潮水對田地的浸泛，這就是桑園圍修築的起因。① 明清時期在桑園圍內發展起了著名的果基、桑基魚塘，使這裡成爲珠江三角洲最爲繁庶之地。不難想象僅僅在幾十年前，西樵山還是被簇擁在一望無涯的桑林魚塘間的景象。如今桑林雖已大都變爲菜地、道路和樓房，但從西樵山山南路下山，走到半山腰放眼望去，尚可看見數萬畝連片的魚塘，這片魚塘現已被評爲聯合國教科文組織保護單位，是珠三角地區面積最大、保護最好、最爲完整的（桑基）魚塘之一。

桑基魚塘在明清時期達於鼎盛，成爲珠三角經濟崛起的一個重要標志，與此相伴生的，是另一個重要産業——繅絲與紡織的興盛。聯繫到這段歷史，由西樵人陳啟沅在自己的家鄉來建立中國第一家近代機器繅絲廠就在情理之中了。開廠之初，陳啟沅招聘的工人，大都來自今西樵鎮的簡村與吉水村一帶，而陳啟沅本人，也深深介入到了西樵的地方事務之中。② 從這個層面上看，把西樵視爲近代民族工業的起源地或許並非溢美之辭。但傳統繅絲的從業者數量仍然龐大，據光緒年間南海知縣徐賡陛的描述，當時西樵一帶以紡織爲業的機工有三四萬人。③ 作爲産生了黃飛鴻這樣深具符號性意義的南拳名家的西樵，武術風氣濃厚，機工們大都習武，並且圍繞錦綸堂組織起來，形成了令官府感到威脅的力量。民國初年，西樵民樂村的程姓村民，對原來只能織單一平紋紗的織機進行改革，運用起綜的小提花和人力扯花方法，發明了馬鞍絲織提花絞綜，首創具有扭眼通花團的新品種——香雲紗，開創莨紗綢類絲織先河。香雲紗輕薄柔軟而富有身骨，深受廣州、上海、南京等地富人喜歡，在歐洲也被視爲珍品。上世紀二三十年代是香雲紗發展的黃金時期，如民樂林村

① 曾少卓：《桑園圍自然背景的變化》，中國水利學會等編《桑園圍暨珠江三角洲水利史討論會論文集》，廣東科技出版社，1992年，第51頁。
② 陳天傑、陳秋桐：《廣東第一間蒸汽繅絲廠繼昌隆及其創辦人陳啟沅》，載《中華文史資料文庫》第12卷《經濟工商編》，中國文史出版社，1996年，第784—787頁。
③ 徐賡陛：《辦理學堂鄉情形第二稟》，載《皇朝經世文續編》，近代中國史料叢刊本，卷83，《兵政·剿匪下》。

程家一族600人，除1人務農之外，均以織紗爲業。① 隨着化纖織物的興起，香雲紗因工藝繁複、生産週期長等原因失去了競争力，但作爲重要的非物質文化遺産受到保護。西樵不僅在中國近代紡織史上地位顯赫，而且其影響一直延續至今。1998年，中國第一家紡織工程技術研發中心在西樵建成。2002年12月，中國紡織工業協會授予西樵『中國面料名鎮』稱號。② 2004年，西樵成爲全國首個紡織産業升級示範區，國家級紡織檢測研發機構相繼進駐，紡織産業創新平臺不斷完善。③ 據不完全統計，西樵整個紡織行業每年開發的新産品有上萬個。④

除上文提及的武術、香雲紗工藝外，更多的西樵非物質文化遺産是各種信仰與儀式。西樵信仰日衆多，其中較著名者有觀音開庫、觀音誕、大仙誕、北帝誕、師傅誕、婆娘誕、土地誕、龍母誕等。據統計，全鎮共擁有105處民間信仰場所，其中除去建築時間不詳者，可以明確斷代的，建於宋代的有3所，即百西村六祖廟、西邊三帝廟、牌樓周爺廟；建於元明間的有1所，即河溪北帝廟；建於明代的有2所，分别是百西村北帝祖廟和百西村洪聖廟；建於清代的廟宇有28所；其餘要麽是建於民國，要麽是改革開放後重建，真正的新建信仰場所寥寥無幾。⑤ 除神廟外，西樵的每個自然村落中都分佈着數量不等的祠堂，相較於西樵山上的那些理

---

① 《南海市西樵山旅遊度假區志》，第323頁。

② 《南海市西樵山旅遊度假區志》，第303—304頁。

③ 《西樵紡織行業加快自主創新能力》，見中國紡織工業協會主辦、中國紡織信息中心承辦之『中國紡織工業信息網』，http://news.ctei.gov.cn/zxzx—lmxx/12495.htm。

④ 《開發創新走向國際　西樵紡織企業年開發新品上萬個》，見中國紡織工業協會主辦、中國紡織信息中心承辦之『中國紡織工業信息網』，http://news.ctei.gov.cn/zxzx—lmxx/12496.htm。

⑤ 梁耀斌：《廣東省佛山市西樵鎮民間信仰的現狀與管理研究》，中山大學2011年碩士學位論文。

學聖地，神靈與祖先無疑更貼近普通百姓的生活。西樵的一些神靈信仰日，如觀音誕、大仙誕，影響遠及珠江三角洲許多地區乃至香港，每年都吸引數十萬人前來朝聖。

## 傳統文化的基礎工程

上文對西樵的一些初步勾勒，揭示了嶺南歷史與文化的幾個重要面相。進而言之，從整個中華文明與中國歷史進程的角度去看，西樵在不同時期所產生的文化財富與歷史人物，或者具有全國性意義，或者可以放在中華文明統一性與多元化的辯證中去理解，正所謂『西樵者，天下之西樵，非嶺南之西樵也』。不吝人力與物力，將博大精深的西樵文化遺產全面發掘、整理並呈現出來，是當代西樵各界人士以及有志於推動嶺南地方文化建設的學者們的共同責任。這決定了《西樵歷史文化文獻叢書》不是一個簡單的跟風行爲，也不是一個隨便的權宜之計。叢書是展現給世界看的，也是展現給未來看的，我們力圖把這片浩瀚無涯的知識寶庫呈現於世人之前，我們更希望，過了很多年之後，西樵的子孫們，仍然能夠爲這套叢書而感到驕傲，所有對嶺南歷史與文化感興趣的人們，能夠感激這套叢書爲他們做了非常重要的資料積纍。根據這一指導思想，經過反復討論，編委會確定了叢書的基本内容與收録原則，其詳可參見叢書之『編撰凡例』，在此僅作如下補充説明。

叢書尚在方案論證階段，許多知情者就已半開玩笑半認真地名之爲『西樵版四庫全書』，這個有趣的概括非常切合我們對叢書品位的追求，且頗具宣傳效應，是對我們的一種理解和鼓舞。但較之四庫全書編修的時代，當代人對文化與學術的理解顯然更具多元性與平民情懷，那個時代有資格列入『四庫』的，主要是知識精英們創造的文字資料，我們固然會以窮搜極討的態度，不遺餘力地搜集這類資料，但我們同樣重視尋常百姓書寫的文獻，諸如家譜、契約、書信等等，它們現在大都散存於民間，保存狀況非常糟糕，如果不及時搜集，就會逐漸毀損消亡。

能夠體現叢書編者的現代意識的，還有邀請相關領域的專業人士以遵循學術規範爲前提，通過深入田野調查撰寫的描述物質文化遺産、非物質文化遺産的作品。這兩部分内容加上各種歷史文獻，構成了完整的地方傳統文化資源。目前不管是學術界還是地方政府，均尚未有意識地根據這三大類别，對某個地域的傳統文化展開全面系統的發掘、整理與出版工作。在這個意義上，《西樵歷史文化文獻叢書》無疑具有較大開拓性、前瞻性與示範性。叢書編者進而提出了『傳統文化的基礎工程』這一概念，意即拋棄任何功利性的想法，扎扎實實地將地方傳統文化全面發掘並呈現出來，形成能夠促進學術積累並能夠傳諸後世的資料寶庫，在真正體現出一個地方的文化深度與品位的同時，爲相關的文化産業開發提供堅實基礎。希望《西樵歷史文化文獻叢書》的推出，在這個方面能産生積極影響。

## 高校與地方政府合作的成果

西樵人文底藴深厚，這是叢書能夠編撰的基礎；西樵鎮地處繁華的珠江三角洲，則使得叢書編撰有了充足的物質保障。然而，這樣浩大的文化工程能夠實施，光憑天時、地利是不夠的，一群志同道合的有心者所表現出來的『人和』也是非常關鍵的因素。

2009年底，西樵鎮黨委和政府就有了整理、出版西樵文獻的想法，次年1月，鎮黨委書記邀請了中山大學歷史學系幾位教授專程到西樵討論此事。通過幾天的考察與交流，幾位鎮領導與中大學者一致認定，以現代學術理念爲指導，爲了全面呈現西樵文化，必須將文獻作者的範圍從精英層面擴展到普通百姓，並且應將物質文化遺産與非物質文化遺産的内容也包括進來，形成一套《西樵歷史文化文獻叢書》。爲了慎重起見，決定由中大歷史學系幾位教授組織力量進行先期調研，確定叢書編撰的可行性與規模。經過6個多月的努力，調研組將成果提交給西樵鎮黨委，由相關領導與學者坐下來反復討論、修改、再討論……，並廣泛徵求西樵地方文化人士的意見，與他們進行座談。歷時兩個多月，逐漸擬定了叢書的編撰凡例與大致書目，並彙報給南海區委、區政府與中山大學校方，得到了高度重視與支持。2010年9月底，簽定了合作協議，組成了《西樵歷史文化文獻叢書》編輯委員會，決定由西樵鎮政府出資並負責協調與聯絡，由中山大學相關學者牽頭，組織研究力量具體實施叢書的編撰工作。

值得一提的是，《西樵歷史文化文獻叢書》是近年來中山大學與南海區政府廣泛合作的重要成果之一，並爲雙方更深入地進行文化領域的合作打下了堅實基礎。2011年6月，中山大學與南海區政府決定在西樵山共建『中山大學嶺南文化研究院』，康有爲當年讀書的三湖書院，經重修後將作爲研究院的辦公場所與教學、研究基地。嶺南文化研究院秉持高水準、國際化、開放式的發展定位，將集科學研究、教學、學術交流、服務地方爲一體，力爭建設成爲在國際上有較大影響的嶺南文化研究中心、資料信息中心、學術交流中心、人才培養基地。研究院的成立，是對西樵作爲嶺南文化精粹所在及其在中華文明史中的地位的肯定，編撰《西樵歷史文化文獻叢書》也順理成章地成爲研究院目前最重要的工作之一。

在已超越溫飽階段，人民普遍有更高層次追求，同時市場意識又已深入人心的中國當代社會，傳統文化迎來了新一輪的復興態勢。這對地方政府與學術界都是新的機遇，同時也產生了值得思考的問題：如何在直接的經濟利益與謹嚴求真的文化研究之間尋求平衡？我們是追求短期的物質收穫還是長期的區域形象？當各地都在弘揚自己的文化之際，如何將本地的文化建設得具有更大的氣魄和胸襟？《西樵歷史文化文獻叢書》或許可以視爲對這些見仁見智問題的一種回答。

# 叢書編撰凡例

一、本叢書的『西樵』指的是以今廣東省佛山市南海區西樵鎮爲核心、以文獻形成時的西樵地域概念爲範圍的區域，如今日之丹灶、九江、吉利、龍津、沙頭等地，均根據歷史情況具體處理。

二、本叢書旨在全面發掘並弘揚西樵歷史文化，其基本内容分爲三大類别：（1）歷史文獻（如志乘、家乘、鄉賢寓賢之論著、金石、檔案、民間文書以及紀念鄉賢寓賢之著述等）；（2）非物質文化遺産（如口述史、傳説、民謡與民諺、民俗與民間信仰、生産技藝等）；（3）自然與物質文化遺産（如地貌、景觀、遺址、建築等）。擴展内容分爲兩大類别：（1）有關西樵文化的研究論著；（2）有關西樵的通俗讀物。出版時，分别以《西樵歷史文化文獻叢書・歷史文獻系列》、《西樵歷史文化文獻叢書・非物質文化遺産系列》、《西樵歷史文化文獻叢書・自然與物質文化遺産系列》、《西樵歷史文化文獻叢書・研究論著系列》、《西樵歷史文化文獻叢書・通俗讀物系列》命名。

三、本叢書收録之歷史文獻，其作者應已有蓋棺定論（即於 2010 年 1 月 1 日之前謝世）；如作者爲鄉賢，則其出生地應屬於當時的西樵區域；如作者爲寓賢，則作者曾生活於當時的西樵區域内。

四、鄉賢著述，不論其内容是否直接涉及西樵，但凡該著作具有文化文獻價值，可代表西樵人之文化成就，即收録之；寓賢著述，但凡作者因在西樵活動而有相當知名度且在中國文化史上有一席之地，則其著述内容無論是否與西樵有關，亦收録之；非鄉賢及寓賢之著述，凡較多涉及當時的西樵區域之歷史、文化、景觀者，亦予收録。

五、本叢書所收録紀念鄉賢之論著，遵行本凡例第三條所定之蓋棺定論原則及第一條所定之地域限定，且叢書編者只搜集留存於世的相關紀念文字，不爲鄉賢新撰回憶與懷念文章。

六、本叢書收録之志乘，除此次編修叢書時新編之外，均編修於 1949 年之前。

七、本叢書收録之家乘，均編修於 1949 年之前，如係新中國成立後的新修譜，可視情況選擇譜序予以結集出版。地域上，以 2010 年 1 月 1 日之西樵行政區域爲重點，如歷史上屬於西樵地區的百姓願將族譜收入本叢書，亦從其願。

八、本叢書收録之金石、檔案和民間文書，均産生於 1949 年之前，且其存在地點或作者屬於當時之西樵區域。

九、本叢書整理收録之西樵非物質文化遺産，地域上以 2010 年 1 月 1 日之西樵行政區域爲準，内容包括傳説、民謡、民諺、民俗、信仰、儀式、生産技藝及各行業各戰綫代表人物的口述史等，由專業人員在系統、深入的田野工作基礎上，遵循相關學術規範撰述而成。

十、本叢書整理收録之西樵自然與物質文化遺産，地域上以 2010 年 1 月 1 日之西樵行政區域爲準，由專業人員在深入考察的基礎上，遵循相關學術規範撰述而成。

十一、本叢書之研究论著系列，主要收録研究西樵的專著與單篇論文，以及國内外知名大學的相關博士、碩士論文，由叢書編輯委員會邀請相關專家及高校合作收集整理或撰寫而成。

十二、本叢書組織相關人士，就西樵文化撰寫切合實際且具有較强可讀性和宣傳力度的作品，形成本叢書之通俗讀物系列。

十三、本叢書視文獻性質採取不同編輯方法。原文獻係綫裝古籍或契約者，影印出版，並視情況添加評介、題注、附録等；如係碑刻，採用拓片或照片加文字等方式，並添加説明；如爲民國及之後印行的文獻，或影印出版，或重新録入排版，並視情況補充相關資料；新編書籍採用簡體横排方式。

十四、本叢書撰有《西樵歷史文化文獻叢書書目提要》一冊。

# 總目

# 評介

鄧霆

## （一）文敏之子

霍與瑕（1521—1599），字子璧，又字勉衷，號勉齋，廣東廣州府南海縣石頭村（佛山市南海區瀾石鎮石頭村）人，是明代嘉靖初年議禮重臣霍韜（1487—1540）的次子。霍韜先娶區氏，繼娶鄭氏、吕氏。吕氏於嘉靖元年（1521）十月十八日生與瑕，次年霍韜即舉家遷住西樵。① 嘉靖三年（1524）後霍韜長期在北京任職，期間僅嘉靖十年（1531）至十二年（1533）丁母憂居鄉，與瑕因年幼留居石頭村、西樵等地，往返走讀於霍家在兩地所屬的石頭、四峰等書院，得到郭肇乾、梁大畜、羅一中諸鄉里長輩的悉心教養。至嘉靖十四年（1535），羅、梁等人帶領霍家昆仲趨謁霍韜，與瑕第一次離鄉北上，步入北京這個既是風華薈萃之地、又是官場漩渦中心的首善之都。霍韜在政務倥偬之際，不敢疏忽諸子侄的學問修養，禮聘當時宦遊北京的同鄉名士龐嵩爲與瑕

① 以下關於霍韜的生平事蹟及與瑕幼年時期的行跡，如無特別注明，皆主要參考霍韜的自傳性年譜《石頭録》，霍與瑕、何世守等編次，收入《北京圖書館珍本年譜叢刊》册 45，北京：北京圖書館，1998 年。

等館師，與瑕在其指授下學益精進。只是好景不長，這時的北京朝廷暗潮洶湧，張璁、霍韜等當初的議禮重臣與朝中的新起之秀夏言爭奪大權，勢同水火，嘉靖皇帝在兩派的爭執中專寵夏言，對張璁、霍韜等舊臣日益疏遠。當年四月，張璁最後一次罷相，九月議禮重臣中的另一位要員吏部尚書汪鋐因夏言指使言官論劾被迫致仕，霍韜以吏部侍郎職權署部事，最終也不能久安其位。次年（1536）六月，霍韜、夏言之間再次發生爭執。這場爭執最後平息之時，夏言已由禮部尚書兼武英殿大學士入閣辦事，獲得朝廷中樞的實權，而霍韜名義上升任南京禮部尚書，實際上是被夏言等排擠出朝廷中樞。當年八月，霍韜黯然離開北京，他的政治生涯從此跌入低谷，即使臨終前的最後一年獲禮部尚書兼詹事府詹事召命，扶病北還，亦因夏言等政敵的掣肘再難作爲。與瑕等隨父避居南京，在霍氏建於南京的見古書院同一時名士岑水南、何世守、徐應乾等朝夕論學不輟，并奉父命執贄於當時粵東理學的宗師、時任南京吏部尚書的湛若水門下。期間與瑕等於嘉靖十六年（1537）三月返粵參加了當年的鄉試。這次鄉試對於霍家來説，毫無成果。至嘉靖十九年（1540）八月，十九歲的與瑕得中廣東鄉試第九名，然而就在他欣喜返歸南京途中，卻收到其父霍韜於十月七日病故的噩耗。二十年（1541）七月，與瑕等隨欽差行人游震得扶柩歸鄉，葬霍韜於增城縣的南鄉嶺。二十七年（1548）四月，與瑕又將其父神主遷入西樵山四峰書院奉祀。

霍韜雖然離世，但他早年議禮活動的爭議性和晚年仕途的不順，對霍家尤其是與瑕政治命運的影響持續了很長時間。從嘉靖二十年至三十八年（1559）考取進士，除了執著於舉業會試的成功外，與瑕遁跡樵山，過了將近二十年的鄉居生活，尤其是嘉靖二十年至二十九年（1550）期間，與瑕幾乎絕跡於當時的公卿大夫之門。這十年間避世韜晦的生活，既有與瑕恬淡世情的自許，更不免政途兇險的忌諱。張璁、霍韜等最大的政敵夏言在他們離世後長久地把持朝政，張、霍等身後的榮典，張、霍子孫的蔭庇録用，都受到夏言有意的壓制。與瑕作爲霍韜次子的身份，反而成爲他在進身之途上的障礙。這種威脅和打壓早在與瑕等霍氏子弟鄉試的經歷中就有所暴露，據《石頭録》記載：

> 公（韜）子與璞、與瑕并中選，洪侍御垣恐忤夏少師，録瑕棄璞。邑人霍超亦中選，洪疑公族人，并黜之。公四子與玞隨任就試順天，亦中高選，考官左庶子童承敘以夏故，黜不敢録。

直到嘉靖二十七年（1548）夏言在與嚴嵩的爭權中徹底垮臺，并被嘉靖皇帝處死，張、霍子孫的政治處境纔逐漸好轉。與瑕可能當時已意識到朝廷政治生態發生有利於己的變化，在後來回憶時特别提及『比介溪爲相，庚戌之歲（嘉靖二十九年）』這個具有轉折意義的時刻，此後與瑕得以較無拘忌地重新涉足以北京爲中心的士大夫交遊圈。這年他第二次參加會試，下第後『游於太學（國子監）』，與議禮重臣的後人尤其是張璁的次子張遜業（號甌江）再敘通家之情。與瑕並不諱言他通過張遜業結識了嚴嵩之子嚴世蕃，三人一度成爲莫逆之交。在接下來的嘉靖三十二年（1553）、三十五年（1536）的兩次不成功的會試前後，與瑕又成爲其師湛若水（已經居鄉）與嚴嵩的私人交誼間的重要中介。① 至此，與瑕一直作爲霍韜之子的身份出現於官員士大夫的交遊圈中，但嘉靖三十八年他最終成功考取進士極大地改變了這種面貌。此前與瑕如同張遜業等其他放棄舉業或不得志於科場的父輩後人一樣，只是被視爲聲勢浸衰的名宦子弟，在屈身新貴（如嚴嵩父子）與安貧守節之間艱難抉擇，但舉業的成功使他在家世的蔭庇之外，得以擁有更爲理想的進身之階，拓展出自己能夠有所施爲的空間。之後的時段內，文敏（霍韜謚號）之子的標籤不再能涵蓋與瑕的事蹟，與瑕的作爲，且給這一身份帶來了更深切的宣示。

## （二）仕宦與交遊

在嘉靖二十三年（1544）與瑕第一次參加會試前夕，夢見有人贈以朱卷，上有封題名吕焕者，似乎是告知與瑕要遭逢吕氏才有機會中第。後來二十三年、二十九年、三十二年、三十五年這四次會試與瑕都没有發現此人的蹤跡，也一直未能在科場上獲售。嘉靖三十七年（1538）冬，與瑕準備進京趕赴來年春會試，偶與朋友至附近的馬岡（順德縣境）遊憩，突然發現隔河有座名爲吕公廟的神祠，專門祭祀宋末崖山殉節的吕文焕，與瑕當下領悟到這位被尊奉的神明就是此前讖言中的吕氏。次年的會試與瑕果然得雋，中己未科三甲第一百一名進士。與瑕在及第後撰寫《吕公廟碑》，紀述了這段神異故事，真實地流露出他歷經十六年五次會試付

① 霍與瑕：《霍勉齋集》卷11，《傳家節操爲政風流卷》，頁86。

出的艱辛和當時久困當亨的慰藉情愫。① 與瑕成爲霍韜等離世後霍家子孫以及議禮重臣後人中獲得最高功名之人，從此開始踏上政學合一的仕途。此後的經歷證明，他既是一位正直實幹的官員，又是一位造福鄉里的士大夫。

與瑕出仕後，一如其父霍韜峻直剛切的操行，曾有長輩規勸他『人亦貴於委曲，逕情直行，非禮也』，親朋也説他『露才揚己，簡人傲物』，與瑕都虚心聽受，然而不改初志，因此招來不少忌恨毁謗，在仕途上屢起屢仆。考取進士後與瑕先在刑部觀政（實習）半年，婉拒嚴嵩父子的招攬，因此獲職爲浙江寧波府慈溪縣知縣。與瑕於嘉靖三十九年（1560）冬抵任，史載他在倭亂後的慈溪『恤孤振貧，寬里甲，省詞訟，均差徭，慈民復蘇然』，② 當時負有監臨州縣官之權的兩淮巡鹽御史鄢懋卿是嚴嵩黨羽，最初爲博取薦賢聲名曾欲引致與瑕，與瑕報書辭謝，但後來鄢懋卿出巡時勒索州縣，與瑕同淳安縣知縣海瑞獨不屈附，鄢懋卿立刻反目，嗾使御史袁淳將霍、海二人彈劾。《明世宗實録》對此事件有較爲詳確的記載：

> 令雲南提學副使陳善、浙江慈溪縣知縣霍與瑕閑住，淳安縣知縣海瑞調簡僻用。……與瑕、瑞俱抗直不阿上官，而瑞尤甚。初，鄢懋卿以鹽法都御史巡行郡縣，所至招權嚇財，叱吒風生。懋卿妻從行，爲裝五彩輿，

① 《霍勉齋集》卷22末補遺，《呂公廟碑》。
② 參郭棐編：萬曆《廣東通志》卷25，頁615；并參阮元編：道光《廣東通志》卷280，頁738。

令十二女子舁之，令長以下見懋卿皆膝行蒲伏，跪上食惟謹，至以文錦被廁牀，白金飾溺器，千里傳送，絡繹道途，懋卿頷之而已。比至淳安，供張甚薄，瑞抗言縣小民貧不足容車馬，懋卿雖怒甚，然知其不可屈，爲斂威去之。而密唉御史袁淳媒孽其短，至是遂與與瑕俱得譴。其後懋卿、淳俱以貪罷，與瑕、瑞仍得伸白敘用云。①

與瑕當時面對權勢炙熱的鄢懋卿的誣訐，不得辯白，最終於嘉靖四十一年（1562）六月罷職而歸。憤激之下，走到慈溪縣的城隍廟向城隍辭行，并撰寫《告辭慈溪縣城隍文》，盡行揭露事件的原委。這篇文字可以看作與瑕自己對慈溪縣政的總結，以及對被誣訐一事的反應。

與瑕歸西樵後又過了六年，時已隆慶元年（1567），嚴嵩和嘉靖皇帝都已過世。當年四月，給事中張鹵等會薦起廢官員，與瑕得以重新敘用。與瑕首先出任寧波府鄞縣知縣，未及一年升任南京太僕寺丞，隆慶四年（1570）春，又得入補兵部職方司員外郎。與瑕在職方任上用心贊畫，所擬建議多爲兵部長官嘉納，但又被牽連進此時朝廷中樞接連發生的派系爭執中。爭執的一方是大學士高拱，高氏素聞與瑕能名，入閣時就有意推轂；另一方是大學士趙貞吉，在嘉靖二十九年擔任國子監司業時即同與瑕結下師生之誼。兩位大學士挾忿相爭，與瑕勸解不果，只好選擇引避，遂被兩輔臣疏遠，最後於隆慶五年（1571）出補廣西按察司僉事。關於這些情節，與瑕自己有詳細的憶述：

① 《明世宗實録》卷510，嘉靖四十一年六月丁丑。

徐存老（徐階）柄事，余以保薦，起補鄞縣、遷太僕、入職方。既而高中元（玄）、趙大洲代相。大洲，瑕國子師也，知瑕頗深。中元入京時，譚次川（兵部侍郎譚綸）見之朝房，首問曰：『霍職方到未？』曰：『已到。』曰：『多拜上。』余乃數月不謁中元。既而與大洲談龐惺庵（龐尚鵬）事，大洲曰：『惺庵專一阿附天官宰相，非正人。』瑕曰：『君子與君子爲朋，小人與小人爲朋，如徐老、楊老（兵部尚書楊博），瑕皆不在門牆之内。然世以爲端人也，有何大故？』大洲作色曰：『我與中元有何大故？』瑕不能察言觀色類如此。退而復上書，深論此事，中云：『周公謂魯公不過數語，然千古相臣，矩準實不外此。且當其時召公欲去，懇惻慰留，何則？天下事非一手一足所能辨。相國家者，休休有容而已。』自是兩相公以衆人待余，余以求補外，得廣西僉事矣。①

與瑕於隆慶五年（1571）二月至廣西桂林府履任，不久即分巡左江道（駐南寧府），又一度兼攝右江道（監臨桂林、柳州等府）。與瑕在任内勤於王事，主要建有兩項功績，一是用計擒獲了左江境内叛服不常的土酋黄金彪父子，一是盡心撫定了附近八寨地方的瑤民，并疏請在四都地方新設了新寧州（今扶綏縣），爲萬曆年間朝廷在兩廣地區的軍事活動掃清了旁顧之憂。但他在隆慶六年（1572）即丁母憂（生母吕氏）歸鄉，當事者

① 《霍勉齋集》卷11，《傳家節操爲政風流卷》，頁86—87。

不僅埋没了他任内的勞績，還聽取與瑕同僚之中妒忌者的傳言。至萬曆三年（1575）與瑕服闋，御史唐鍊即聞風彈劾，幸虧兵部尚書譚綸等曾經的上司深知與瑕才能，得以由廣西按察司兵備僉事改調江西按察司屯田鹽法僉事。與瑕在江西任内革除鹽法、驛傳諸弊，又興修千金陂等水利以紓水患，然而這些利民之舉復觸犯當地豪强和主司官員的利益，毁謗又起，御史張簡復有論劾，與瑕遂無意宦途，於萬曆四年（1576）投劾歸樵，從此堅臥不出，悠遊林泉二十餘年。據與瑕門人郭棐所撰的《墓表》，與瑕於萬曆二十七年（1599）離世，享壽七十八歲。①

縱觀與瑕筮仕後的經歷，他實際任職的時間合計不過十年，而且每次任職最終都以毁譽叢生、不能久任被迫去職，可謂拙於宦術，但他直道而行，不懼權貴，在較短的任期内能夠推行不少興國利民的實務，又真無愧於其父霍韜以來的家風。

## （三）《霍勉齋集》的學術與文化價值

據郭棐撰與瑕《墓表》載，與瑕一生著述頗豐，有《勉齋集》、《讀易大記》、《讀詩大記》、《論學全書》、《讀書録》、《安南考》諸種，『皆能傳於世』，然而上述諸書似只有《勉齋集》見於今時。因此《霍勉齋集》是今人瞭

① 筆者未能見到關於石頭霍氏家族的原始資料《石頭霍氏族譜》，也未得實地展謁霍與瑕墓，所據郭棐撰《明奉政大夫廣西江西二省僉憲前兵部職方員外太僕丞勉齋霍公墓表》系采自網路，由霍氏宗親霍柏森先生整理。

解和研究與瑕生平事蹟及其所處時代的珍貴材料。《勉齋集》見諸著録的版本有二，一是北京大學圖書館藏清乾隆三十三年（1768）南海霍氏刻本二十二卷，一是中山大學圖書館藏清光緒十二年（1886）南海石頭書院刻本二十二卷。根據任建敏的考證，光緒本對乾隆本的底板挖改甚少，只是在乾隆本基礎上進行修補，因此兩個版本之間是一脈相承的。本次影印就以中大所藏光緒本爲底本。該本十册二十二卷，首册扉頁由伍學藻書題『光緒丙戌重刊《霍勉齋集》』，卷前收霍與瑕小像、『萬曆己丑（十七年，1589）五月望日奉政大夫南京工部虞衡清吏司郎中前大理寺左評事友人歐大任楨伯撰序』、『萬曆庚寅（十八年，1590）菊月庚申六岳盟長婣生韋憲文頓首拜序』兩序，次録《廣東通志》、《廣州府志》、《南海縣志》、《廣州鄉賢志》、《廣西通志》、《浙江通志》等方志所載與瑕傳記，末册後附乾隆三十三年十三世孫霍世光《勉齋公文集重梓跋》、霍有光《七世祖勉齋公文集重梓記》以及道光三年（1823）十四世孫霍清續識。根據這些序跋提供的信息，稍稍能復原《勉齋集》產生和傳刻的過程：與瑕歸鄉後於萬曆十六年（1588）將所著文字編次爲《勉齋集》，并請姻友歐大任、韋憲文等作序；文集在乾隆三十三年經過修補，但不久後的嘉慶十四年（1809）霍家遭海寇之亂，文集險些流散，因此道光三年霍清等將族人所藏合成文集全帙加以校補，到光緒十二年石頭書院終於將該集重刊。

這部文集對於今人瞭解和研究霍與瑕生平事蹟與所處時代的重要價值主要有以下兩個方面。

第一，通過挖掘《勉齋集》中蘊藏的大量信息，可以相對全面地重現與瑕個人以及他的親戚、交遊群體在十六世紀後期的生存面貌。與瑕本人極爲留心紀述之事，在文集中收録了大量保存故實的資料。這些文字大概可以分爲兩類。一類是與瑕個人生命軌跡的記録，文集卷十八、十九兩卷彙集了與瑕在慈溪知縣、鄞縣知縣、南太僕寺丞以及左右江兵備道任内的公文，都可以視作與瑕施政方略與業績的證據；卷十七所收《職方謬談》、《左江謬談》、《太僕紀談》三篇紀事，詳盡披露了上述公文幕後與瑕殫心竭慮、運籌帷幄的過程，以及官場交際中令與瑕難以舒懷的人事糾葛；除了這些公務色彩較重的記述，在文集中讀者還能發現諸如《吕公廟碑》、《辟兵神符紀略》（卷十七）等比較個人性且不乏神秘意味的故事。在所有這類文字中最爲重要的一篇題作《傳家節操爲政風流卷》，這篇文字旨在通過言傳身教的方式給霍家留下一份修身齊家的訓誡，與瑕在文中對自己的生命歷程作出了翔實的憶述。在有關與瑕的傳記文字較爲缺略的情勢下，這些本人的記述能夠爲讀者的深入探究提供衆多綫索。另一類文字則是與瑕對霍韜與其他議禮父輩往事的回顧。需要注意的是，對霍韜政敵夏言貪墨專横行爲的譴責，占了這類文字的很大部分，其中不免流露出父輩間恩怨在家族子孫中的記憶，這些記述很多被添補進霍韜的個人傳記《石頭録》中。儘管如此，爲了辯駁夏言及其屬官李遂就大臣期功廟祭當迴避這一禮制問題的觀點，與瑕所撰的《讀李襄敏公覆議大臣期功廟祭當迴避疏》仍然不失嚴謹的學術性質。

第二，通過閲讀《勉齋集》中大量的論學文字，可以大體把握嘉靖至萬曆年間粤東理學學説的發展狀況與動向。與瑕早年從學於粤東理學的宗師湛若水，頗得若水晚年心傳，若水逝后與瑕向若水的高徒或學友龐嵩、劉模等請益，在當時盛行的陽明學説嚴重分化、陷於禪學的形勢下，與瑕等在西樵等地執甘泉學赤幟，力挽空疏無學的末流。湛若水以『隨處體認天理』的學説，強調内外合一，在人情事物上理會用功，本來就是針對王陽明致良知學説可能的缺陷而發。在某些陽明弟子及再傳弟子學説的弊病日漸顯露之際，與瑕等粤東學者繼續發揮師説，期望對陽明學有所救正。與瑕在文集中自言對陽明及其學説的態度：

近世甘泉湛先生、陽明王先生倡道東南，爲天下宗，於朱、張之言尤有大同小異者，而兩先生之學亦稍有異同。蓋心所謂同，固不必強而異；心所謂異，亦不可強而同。白沙先生云：『千古聖賢不同調，各留一影落堪輿。』不如是不足以爲萬古常新也。瑕讀陽明書四十多年，心所謂異，不敢強同，輒有辯疑以清正於世之君子。①

與瑕直接發表對陽明最重要的『致良知』宗旨的不滿，認爲陽明推出《大學》古本，改竄朱子版本以證明『致知工夫最爲緊』要不僅是無益之舉，而且使得經文錯亂。他在陽明《傳習録》中『良知本體，原是無動無靜的，此便是學問頭腦』條下解釋説：

① 《霍勉齋集》卷16，《讀〈陽明文粹〉等書》，頁17。

致良知即致中和，即擴充四端，以所不忍達於所忍，以所不爲達於所爲，有何病痛？先子云：『中和位育，良知也，飲食男女，亦良知也。致下愚之知，禽獸羞伍。』湛師面對陽明云：『良知必用天理，天理莫非良知。』①

與瑕并指出：

千言萬語論格物論致良，知皆舊説所謂誠意耳，而誠意之説章内已自了了，在人必於獨知之地求自慊而無自欺，斯善學矣。今乃改作致良知，架誠正床上之床。②

下面一段議論可能是與瑕對陽明（其實是當時的陽明門徒）最爲嚴厲的批評：

『人皆有不忍人之心，大人不失赤子之心』，『戒懼慎獨，無爲其所不爲，無欲其所不欲』，此是王陽明致良知宗旨。『所惡執一者爲其賊道也，舉一而廢百也』，此是王陽明詖淫之弊。或曰：『七篇之旨，只不失赤子

① 《霍勉齋集》卷16，《讀〈陽明文粹〉等書》，頁20。
② 《霍勉齋集》卷16，《讀〈陽明文粹〉等書》，頁35；并參同卷《讀〈大學古本序〉及〈大學問〉》，頁3。

之心一言盡之，何有詖淫？』曰：『良知良能，孟氏并説，今舍良能，單言良知，已偏了，乃曰「惟精是惟一功夫，博文是約禮功夫」，將千古聖經賢傳「知及仁守」、「非知之艱，行之爲艱」等處，盡翻舊案，扯入自己意見内，使學者信心反古，是己非人，勢將波蕩后生，洪水一世，是賊道也。』①

在對當時陽明學者學説的弊端盡行揭露批判後，與瑕即根據甘泉學説告知學聖人的正途所在：

既知心貫諸事，則不得是内非外，既不是内非外，則三千三百，制事方外，無非心也。聖人自然合理，三千三百，由中順應，學者所以學爲聖人也。當勉力以復乎禮，博約兩端，知行并進，是學聖人之正路也。何内非外？何外非内？孔孟程朱教人，皆從事事物物理會，是所謂集義也。告子只守本心，以義爲外，所以失之。近世非文公而稱象山，是内非外，其流之弊，有不可勝言者。孟子曰：『所惡執一者，爲其賊道也，舉一而廢百也。』②

與瑕對這一正途又提供了自己親身實踐的可行方法，即通過嚴格的修身日課來檢點反省，達到戒慎恐

① 《霍勉齋集》卷16，《讀孟十發》，頁2。
② 《霍勉齋集》卷16，《讀〈心學淵源圖説〉》，頁8—9。

懼，在日用事物上不斷改過遷善的效果：

承示《惜陰圖》，月分三十日，日爲一行，日分十二時，時爲一格。自寅起至戌止，每時講習必書，誦讀必書，作文必書，應酬必書，靜坐必書，即日與弟侄輩遵行，真點檢身心，勤勵自強之學。泉師二業合一之教固如此。從此以日以月，以時以歲，無有間斷，即所謂『勿忘』；毋欲速、毋拘急，即所謂『勿助』。①

① 《霍勉齋集》卷21，《上郭冢山尊師》，頁1。

光緒丙戌重刊

# 霍勉齋集

伍学藻書

霍勉齋公像

霍勉齋集序

西樵爲羅浮之仲三江南下滙于海固天地人文所攸鍾哉石頭霍氏家南海西樵間文敏公以亮直介節名天下勉衷先生其子也起家進士令慈谿丞太僕入爲職方員外遂觀察廣西江西二省其所論著曰勉齋集云余讀諸賦古詩知其風雅之逸也讀樂府歌行知其

鐃吹鐸舞之遺也讀律絶詞曲知其辨體填腔之奏也讀序記論策知其辭達經明之旨也讀傳誄志銘知其發潛闡幽之述也讀申牘呈揭知其籌邊經世之畧也讀論學書讀書記知其遜志敏求之所指歸也昔董仲舒逼春秋所著竹林繁露數萬言皆翊經師古而韓非孤憤說難則慘礉之作也後世以董太

傳爲正鵠者遵統壹之論而乇之博雅之規以韓公子爲嚆矢者抒鬱結之思而闕黼黻之度軌轍既異未見其衆能兼長者勉東綜貫羣書究會理學門庭師友竟就一家之言至於宣猷展采慷慨碩畫大都於所論著可觀已故不觀西樵不知山之盤礴嶕嶢不觀南海不知水之汪洋浩渺不觀斯集惡觀天地所

以毓靈孕秀於勉東之盛乎集既梓屬余爲序然大川喬岳人共仰之誠不俟余言矣

萬歷己丑五月望日

奉政大夫南京工部虞衡清吏司郎中前大理寺左評事友人歐大任楨伯撰

霍勉齋集序

勉齋先生文集歐虞部既叙之矣不佞固素切慕用者茲辱命欲再贅一言若埳井之鼁望東洋適適然祇舌舉耳然手不忍釋繹所會心不覺躐纓整襟意曠神怡傳記所云喜斯陶陶斯咏也於是爲之援筆蓋聞代之續詞者衆矣空禿毛穎莫壽陳元然撥初率竣內之則

安身定命無裨外之則濟世拯人罔賴是丁子有尾之文也假而左氏創之虞卿紹焉陸賈偕餘終之以子長氏也將則安用之噫予未弁時曾誦先生時業心竊醰慕之然此特應時之資云爾不謂其撰著之出閎以深冲而逸確而有體之若是參互所歸談學術則根本實踐而玩弄靈明者塞其宗裁政務則愛

玭編珉而崇奉權膴者巔其趾陳謀晷則抽抉肯綮而竅言無用者杜其喙可以復性則傳可以挽頹則傳可以亨屯傾否則傳追其所酬俗所述事所吐情所襮境亦莫不贍而中則飄洒足聆迴旋乎大國之林矣或謂勉齋書問似李白雜著似歐陽脩古風似杜少陵近體似孫仲衍絕句似杜牧之詩餘似黃山

谷要有近之然不必規規匹孅也一規規于匹孅焉殆落牝牡驪黄矣或又謂今俗所賞二李汪王數家匪是莫拜下風請以品嗟夫稗實用烏用是搰搰者爲哉必若所爲是六經之文惟以炫奇不以載道也有醫于此被服楚楚藥籠華澤其器則昆吾之淬而鄭國之遺也庶哉今之俞跗乎曰否必其望形知聲

見膚知臟浣髓揲爪達之于五會三陽湯熨鍼石惟所用而病起焉是眞良醫也飾外云乎哉爲文亦猶是已寻之所以有味于是刻之可傳也嗟夫勉齋以豪傑之才閎博之學骯髒之氣精煉之識使得居要路其所獻納必能世濟先美棲軌于范純仁韓忠彥乃今所傳者不于彼而于此是天固以嗇之而所隆

者將別有在也序告知言君子 皆

萬歷庚寅菊月庚申六岳盟長石渠洞

主人嫻生韋憲文頓首拜序

廣東通志本傳

霍與瑕號勉齋南海人（郭志云字勉衷）韜仲子年十九領嘉靖庚子鄉薦三十八年己未（同上）舉進士授慈谿知縣（明史霍韜傳）時邑罹倭寇遐邇蕭條與瑕恤孤賑貧寬里甲省詞訟均差徭慈民復甦然政尚精明豪猾縮首與湻安知縣海瑞齊名時稱二廉（郭志）鄢懋卿巡鹽（明史）淮浙所過州縣趨迎恐後（粵大記）惟與瑕不禮（明史）暨海瑞不往謁懋卿銜之嗾御史袁湻（粵大記）劾罷（明史）歸臥西樵者六年隆慶戊辰用給事中張鹵等薦（粵大記）起知鄞縣（明史）遷南太僕丞轉兵部員外郎（粵大記）終廣西僉事（明史）時飭兵江左酋黃金虎叛督撫議進討

與瑕以計縛致又撫八寨城新寗州俱有功會憂去御史唐鍊劾調簡時兵部尚書譚綸重其才為除江西䖍憲踰年復為御史張簡所劾與瑕嘆曰吾安能隨時俯仰視人眉睫乎遂拂衣歸二十餘年卒所著有勉齋集慈谿新寗並祀名宦粵大記

孫蒙拯萬歷乙卯舉人壽州知州拯子師乾崇正癸酉舉人學濟歲貢乾子文寅康熙己酉舉人南海志

廣州府志本傳

霍與瑕號勉齋（郭志云字勉衷）韜仲子年十九領嘉靖十九年庚子鄉薦三十八年己未舉進士授慈谿知縣時邑罹倭寇遐邇蕭條與瑕恤孤賬寡覺里甲省詞訟均徭役慈民復甦然政尚精明豪猾縮首與滄安知縣海瑞齊名時稱二廉鄢懋卿巡鹽淮浙所過州縣趨迎恐後惟與瑕暨海瑞不往謁懋卿銜之嗾御史袁湻劾罷歸赴西樵者六年隆慶戊辰用給事中張鹵等薦起知鄞縣遷南太僕丞轉兵部員外郎終廣西僉事時飭兵江左酋黃金彪叛督撫議進討與瑕以計縛致又撫八寨城新寧州俱有功會憂去

御史唐鍊劾調簡兵部尚書譚綸重其才爲除江西鹺憲踰年復爲御史張簡所劾與瑕嘆曰吾安能隨時俯仰視人眉睫乎遂拂衣歸二十餘年卒所著有勉齋集慈谿新甯并祀名宦孫蒙拯萬歷四十三年乙卯舉人壽州知州拯子師乾崇正六年癸酉舉人學濟歲貢乾子文寅康熙八年己酉舉人據南海志修

南海縣志本傳

霍與瑕字勉衷號勉齋韜仲子年十九領嘉靖庚子鄉薦三十八年己未舉進士授慈谿知縣時邑罹倭寇遐邇蕭條與瑕恤孤賑貧寬里甲省詞訟均差徭慈民復甦然政尚精明豪猾縮首遵令丈量田畝目過之不爽尺寸吏民詫以爲神與淯安知縣海瑞齊名時稱二廉鄢懋卿巡鹽淮浙所過州縣趨迎恐後惟與瑕暨海瑞不往謁懋卿以故嗾御史袁淯劾之二人俱落職蕭然出署署中置書若于帙曰使吾有藏書曷若使邑有文教盡捐之學宫以去歸卧西樵者六年隆慶戊辰用給事中張鹵等薦起知

鄞縣遷南太僕丞轉兵部員外郎終廣西僉事時飭兵江左酋黄金彪叛督撫議進討與瑕以計縛致之又撫八寨俱有功先是四都叛服不常致南太二府道路阻絶奏請於朝開建新寗州治州人德之會憂去御史唐鍊劾調簡時兵部尚書譚綸重其才爲除江西鹺憲踰年復爲御史張簡所劾與瑕歎曰吾安能隨時俯仰視人眉睫乎遂拂衣歸二十餘年卒所著有勉齋集慈谿新寗並祀名宦孫蒙拯萬歷乙卯舉人壽州知州拯子師乾崇禎癸酉舉人學濟歲貢乾子文寅康熙己酉舉人據郭通志浙江廣西通志魏志參修

廣州鄉賢傳

霍與瑕字勉齋南海人尚書霍韜次子嘉靖庚子舉于鄉己未登進士授慈谿知縣時邑罹倭禍井里蕭條與瑕蠲秋糧以給牛種省差徭以葺廬宇民始畧有起色廉潔剛正與滇安知縣海瑞齊名浙中稱爲兩廉吏御史袁淳受權貴頤指皆爲所擠士民赴闕訴留弗得歸隱西樵六年隆慶改元給事張鹵輩交章論薦起補鄞縣知縣俄遷太僕丞轉兵部員外郎時邊陲多故羽書旁午與瑕籌畫有方闔郡皆倚賴之尋出爲廣西僉事飭兵左江土司黃金虎叛制府方議進討與瑕止不用兵計縛致之復撫平八

寨城新寗州會以憂去當事攘其功竟不獲轉一階御史
唐錬復以讒見劾尚書譚綸重其才力持之除江西鹽法
道踰年以勁直忤御史張簡遂爲所訐與瑕嘆曰吾安能
隨時俯仰視人眉睫乎竟拂衣歸優游泉石二十餘年乃
卒所著有勉齋集

廣西通志宦績錄

霍與瑕字勉齋南海人隆慶六年爲廣西按察僉事飭兵江上土酋黄金彪背逆督撫方議進討與瑕翦其羽翼一矢不遺縛致之亂遂定廣東通志以四都叛復不常致南太二府道路阻絶奏請於朝開建新寧州治州人祠祀之載文

浙江通志名宦傳

霍與瑕天啟慈谿縣志字勉衷南海人進士令慈鋤積梗殲大盜以民和召祥歲屢稔邑始城形勝多缺相天時地利之便補偏鍾秀遵合丈量田畝過目不爽尺寸吏民詫以爲神會鄖懋鄉總理鹽法巡行郡國驕恣無度與瑕清鯁無賂遺懋卿怒嗾鹺使者劾之遂落職蕭然出署囊書若干盡捐之學官以去

霍勉齋集

霍勉齋集目錄

五言古詩卷之四

七言古詩卷之五

五言絶句詩卷之六

## 六言絶詩卷之七

七言絶詩卷之七

七言律詩卷之九

夏日卽事　夏日賓館獨酌

端午後二日感懷　春臺惠紀 四首

惠德飲音 二首　賀箕野七十一 二首

聞紫雲丈丹成志喜　賀區玉田七十一 用梁穗灣韻

六十五自壽　贈紫霞劉山人

和督府劉節翁慶雲詩 瑞鵲　送聶瑤峯進士知南陵

詞卷之十

菩薩蠻

江門憶別 四首　送王年兄宰古田 三首

送將歸　別慈谿諸君 六首

書卷之十三

論卷之十四

策卷之十五



讀書記卷之十六

慈谿縣

條陳興革事宜申撫按六款　爲詭田事申分守道

爲增練民兵以固地方事　爲軍務事申軍門

爲清理田糧事通申　乞革倉弊以蘇民困事申察院

爲通行救濟以舒一方危困事

爲出巡事申分守道　爲仗義報效事申海道

爲究惡構結冐收邊兵工食事申海道

爲裁革直日行頭平時值以釐夙弊事

申爲情案牘事　爲學政事申提學道

爲喪服事申提學道　爲節財用蘇里甲事回覆本府

鄞縣申稿



南京太僕寺行移



呈揭申稿牌行卷之十九

左江道

碑銘卷之二十二

補遺

呂公廟碑 由順德桂洲鄉錄出

同邑何豸 梁兆電

門生聶桂芳 劉裔 編緝

年姪黄昇之 姪藎臣

弟與瑞 騰蛟 校梓

萬歷十六年歲次戊子

# 霍勉齋集卷之一

南海霍與瑕著

十三世孫有光重梓

十二世孫世光 進芳校字



## 賦

懷歸賦 庚戌八月二日

魂耿耿其不寐兮，苦今夜之獨長。寒侵陵吾衾枕兮，秋氣浹於洞房。起納履而啟戶兮，遥望乎東方。雲漢横其未落兮，列宿粲其哆張。噪夜蟬之嘒嘒兮，蟋蟀鳴此戶旁。雜以嚶嚶之草蟲兮，助秋聲以振揚。余循周廊以上下兮，步中庭以徜徉覽景物之幽幽兮鬱予恩之渺茫維四時其代序兮每逢秋而悲傷況萬里之覊人兮未得返乎故鄉昔冬初吾其出門兮歷陽春之和煦游太學以觀德兮法前脩之矩武令名湮而未彰兮悵獨行之踽踽歲月忽其不淹兮又經夏之徂暑炎威方退兮秋風夕起日月雙輪兮迅速若此嗟百年之光陰兮人生有幾不及少壯以于邁兮行當已矣惟世俗之塵埃兮非予心之所善何覊縻之未脫兮哀繒羅之爲絆予欲乘九萬之飛鵬兮遐舉以孤征遵雲衢之杳杳兮遨遊乎太清覲玉皇之懿淑兮重華吾以爲儀刑依先聖之耿光兮完太一之眞精凌倒影之

日月兮將俯視乎列星彼彼壽常之世路兮豈能攖乎予之情亂曰夫人之懷歸兮懷其故里吾心獨不然兮誰其諒只吾業將墮兮吾事將殆山徑翳於荆榛兮何時乎耘耔涉無極之滄淵兮曷其攸濟欲南歸而北馳兮恐迷途之泄泄天不監予憂思之歷亂兮夜漫漫其若歲

送郭平川黃門歸太和

彼美人之脩淑兮茲仲春而言歸集衣裳之楚楚兮于以送之江之湄惟五嶺之繁華兮及陽春而始滋攬芬芳之未艾兮何歸棹之湍飛昔君子之來遊兮寄雲水之遐踪縕思心之寥廓兮追太上之遺風慨舊志以孤征兮遵哲

人之步武尋江門之懿範兮入天關以安處準規矩以周旋兮藹春風之動容氣舒徐以敦詳兮著話言之雍雍思何幽之不達兮理何深之不窮行何細之不謹兮物何方之不同衣飄白雲之風頭櫛青霞之雨身染羅浮之雲心逐天華之侶朝發軔於龍津夕維舟於江浦散春心之活潑兮采芳馨於沮茹覽九曲之幽幽兮登凌雲而薦俎游與學其同躋兮將逍遥乎太宇嗟歲序其代易兮忽二月之及期望平蕪之綠色兮結遊子之歸思泛春江以言邁兮指靈洲而戾茲發清歌之慷慨兮惜友生之分攜設壺觴以祖餞兮把清酒而凄凄聆德輝之高舉兮知後會之

何時亂曰春風浩蕩兮海宇寬別愁無限兮撫清瀾瀾之清兮清且淺孤舟征兮日以遠望雲山而不見兮長太息而歸反

山斗遐思

秋風颯颯兮江水清浪波不興兮君子于征敷文教於西江兮棄嶺外之儒生侍函丈之何時兮悵獨鬱乎余之情泚木蘭以爲舟兮駕文桂以爲楫涉秋江之浩蕩兮欲繫其纜而不可得及衆芳之未謝兮采馨香之盈袖憑下侍以修獻兮寄余思之如斜登高極望兮錦帆遠雲山萬疊兮路婉轉欲往從之兮水溶溶思心軀結兮不得展

春城送別

田有黍兮陌有楊春風歸兮鬱蒼蒼登長亭而遠望散春愁之渺茫春愁兮無限山川阻兮歸路遠憶江南兮花已闌人尚淹留兮幽燕幽燕久客兮愁思苦復送征人兮于道左

粤山煙樹賦 丙寅七月十六日羊城社題

余歸棲於樵山自三春以徂夏壑巋異以誇奇花互開而代謝尋漁父之眞源足溪翁之淸話攬景勝之幽幽將永矢而弗借胡三城之舊侶結情義之綢繆訂白蓮之素會續眞率之風流循縹渺之芳徑陟飄飄之危樓極東海兮

遠望羅三島兮十洲羣峯兮獻秀古木兮爭姸風雨兮初霽朝旭兮呈鮮掛芳羅之芙蝺雜薜荔之緜芊雲霏霏而乍覆霧濛濛而成繪初紛紛以去來既溶溶而𩆸靆中森森以似蓋上亭亭而如蓋分諸峯之重叠辨百卉之小大橫山腰之素練抹樹杪之青黛葉常密以增碧枝扶疎而凝靄因返照以流霞借夕暉而結綵染桂子以飄丹漱山花而送馥既遠眺而情怡亦近浥而心會把清酒而祟觥賦新詩而增采一何景色之娛人余以爲明都之上最也乃若嶺北遐征江南久戍心毎懷歸身焉羈處時登高以送目煙朧朧而隱樹魂凄凄兮欲斷恨悠悠兮延竚又若

幽閒淑媛窈窕芳年夫婿遠役角桃顛連憑青樓以寄望窮碧樹之晴煙鬱春心之不可裁結芳恨之纏綿至如孤臣去國逐客尋津緘情蘊怨撫景傷神纜扁舟以前進悵僕夫之駪駪望輕烟之帶樹增勞思於蒼旻嗟夫此一煙樹也天何機而自露物何心而自呈何悲歡之異感乃觸目而殊情彼春暉而網怨此悲賦於秋清遡流光於夜月托遺響於空明聞秋聲之脫葉感綠鬓之星星心有殷而永嘆意有會而長鳴又何疑於煙樹皐遠恨之盈盈嗟夫吾固未嘗臨流而送遠亦何有於荆門郢樹之爲縈且坐茂以濯潔樂考槃之幽貞

躍魚賦丙寅七月二十一日自羊城夜渡歸樵至汾水頭成此

朝踵武於君子爰遨遊於芳園樹陰森以覆徑澗漏石以潺湲臨野塘之漾漾圍碧水之淪淪蹠萍排風斷藻拍崖長潭牽鏡微波引練俯青天而在下渺白雲之燦爛測深淵之無底庶可方其涯岸忽細鱗之悠洋兮竊澄波之凌亂饑唼藻之參差樂依萍之泮渙或跳梁於日影或追隨於侶伴或撥刺於中央或揚鬐於截矸或忽沉而復浮或方聚而遽散或倏駭於人聲或乍驚於飛翰揚波鼓浪逐隊爭羣急如赴敵慢若游春黃金燦燦白玉璘璘出將聽樂没豈避綸王孫罷釣以憑檻公子鼓瑟以臨津斯亦一

嫯之足娱在藻之所爲燕周王於物之所爲樂仁人也猗神龍之深潛兮終不見其顙尾時或躍以在淵兮沛九天之雲雨霜清日朗兮復歸其處彼神化之無方兮孰得而執其所三千之靈鯤兮隘五湖之廹塞揚鬐鬣于東海兮泛浩瀚之無極海鰍之出入兮漲八溟之潮汐耀戈旗之數百里兮乃其一鱗而一翼豈尋常之沼沚兮可豢玆之奇特睠青魚之唯唯兮誠滄海之一滴余昔年之竭澤兮覩披離之龍蛻僕夫紛其爭攫兮吾得首牙之細碎蛻形擴骨兮愈蛻愈奇豈一躍而遂巳兮將騰碧空而上之惟神物之屢變兮固能大而能小潢汚行潦之可居兮抑何

隘乎斯沼又安知躍者之不爲龍也吾且觀於春濤之杳淼且夫萬物各有性焉自性自形龜短蛇長兮鳧縮鶴槳蜾蠃不病其細於腰兮跛鱉不嘆其短於脛蛟蠓不謂其微於軀兮蜉蝣不嗟其啬於齡得造物而爲之抱負兮均無餘欠於天靈然則斯魚之游躍自得又何羨於鯤與鵬也

新秋歸樵賦　七月二十三

四時各司其氣候兮善莫善於初秋尋及茲之良辰兮戒僕夫以帆舟指樵西以行邁兮悵城市之淹留山巉嵒以露石兮水澄波以流悠泛浩月之皎皎兮賒緒風之颼颼

昔仲夏之憮台兮翳蕭艾之漫漫睠新秋之朗清兮路紆徐其稍寛余循舊徑以來歸兮躡晨露之未乾綠蓊葱其蔽山兮忽朱實之微丹交稠枝之未飄兮靄碧色之凝煙山中之人兮紛采茶而獲豆淡烟火之幾家兮生理蕭條而若舊緩余步於山塝兮眺躍魚乎水草雖清淺以瘦瘠兮聊以寄此之微渺萱草之叢生兮臨碧澗以敷黃曾聞樹此之忘憂兮何塵紛之擾攘蟋蟀幽幽以憑宕兮宛清聲之如故何少年之異聽兮夫唯奔馳乎道路豈讒言之未殄兮尚一聞乎反舌之爲聲旣寂寥以寡和兮亦何取於孤鳴時雨倏降兮沛大壑之滂沱閒晚疇之桔槔兮欣

自得於卬阿雨旣晝濡此旱枯兮夜又申之以淸涼固饋海之均被兮獨山間之先甞憑高卬以自怡兮將愉樂而忘歸剡秋初之淑氣兮及衆芳之未衰蕙華芬其被澗兮招伴侶而采之嗟幽蘭之孤芳兮恐過時而萎之撫石榻之重苔兮掃蕭疎之落葉延午梡之微風兮猶得卧此淸和之令節昔哲人之寘棲兮有磐石之厚銘曰永矢以弗過兮示來者之儀刑及余歲之未暮兮行獨攬夫衆英彼白駒之在谷兮豈維縶之能縈緜衣之黃裏兮思古之人以自程

病鶴獨舞賦有序

隆慶二年歲在戊辰三月初旬勉齋子至止滁陽太僕之署既十日李槐亭公招賞牡丹于環山之樓乃徃觀焉有鶴折翼毛羽枯槁心殊憐之忽焉鶴出幽篁啄流泉循園徑徃返數十展翅屢舞一張一垂不自知其僊也衆驩然咲余愈憐之黙自念曰是尙欲屈伸導息愈斯翅耶秋空天高尙欲奮飛於霄漢間耶感而為之賦其賦曰

彼白鳥之淑質夙稟受於仙靈在羽族爲最異每多歷於千齡元裳縁漆縞衣振雪絲趾閒紺朱頭染血高山大澤兮是其鄉空原曠野兮是其方長天碧落兮其翶翔寒江

古瀨兮其徜徉依汀洲以擬潔巢喬松而比貞旣高棲以遠害亦橫飛而適情抱長饑而獨立何毛羽之鮮明照隻影於秋水愈瘦削而彌淸豈其一日之不戒遂爲羅網之羈攖虞人以爲奇貨羌獻享於公庭始入樊籠逼廹狹隘隻身束楚四顧拘械性匪其天情無聊賴撞頭拍翼支離決潰方性命之不惜何折傷之足怪主人見其如此廼爲開籠置之園中俾自來而自去仍自西而自東顧一翼之已折被毛羽之蒙茸朝俯食於輿人夕托足於蒿蓬借晨暉以自熳濈野水以自充雖安飽之足賴豈霄漢之能衝爾廼節入晩春東風和煦萬品齊榮羣生順序蛙奏部於

芳池鳥轉簧於高樹兹欣欣而有感遵篁徑以得路始鶴鳴以低鳴若有求乎伴侶既逞步以疾趨似作勢而高舉乃張兩翅一揚一俯且跳且憑如戞如拊頸屈曲而復伸徑毎窮而廻步似欲頻於導引將自療其折羽及九秋之清飈庶横翮以遐翥伊斷臂之可續矧屬毛而離裏三折肱以彌良豈一傷而不愈嗟夫斯或其用意之慇懃設心之獨苦無怪其忘形容之憔悴而為是中庭之屢舞也我思夫青田之遭射兮期遇主於三秋比驅馳於蜀路兮忽罹箭而綢繆何斯禽之無緣兮終抱傷以處幽彼久病之瘦軀兮閣三尺之長脛逢達人而為之嘯歌兮亘終古之

垂名何斯禽之無緣兮委弱質於茅亭長鳴人莫之知兮奮飛又莫之能處幽昧之卑微兮尚疑慮乎繳繒安得夫仁人之惻隱兮傳妙術於方外之廬起病軀而完之兮重騁翼於雲衢俯九州而下視兮歷萬里於須臾游華表而息玉山兮從吾志之所如亂曰麟之仁或不辰兮龜之神或自焚兮不觸不嚙百折而未改兮守氣伏神無時而或怠兮君子守道若此類兮折其右肱時所值兮明夷垂翼又安足累兮鼓翅跳梁道血氣兮屈伸伏息虛靜致兮舞之婆娑聊以樂其天兮物率其眞莫之然兮彼不知其然吾又何以爲之惻然兮

盤谷

谷之盤兮幽人之盤桓依巉嵓兮泳潺湲被明霞兮潄紫煙飲牛兮絕澗洗耳兮淸湍谷之盤兮詰曲流泉淸兮泂復林木茂兮鳥歸飛幽蘭生兮人不知人不知兮吾獨晏抱馨香兮暮而旦谷之盤兮多奇石俯靑流兮可以席幽人棲兮行復歌坐歡讌兮永不過時登高以望遠憶美人於邱阿欲自卽而不可嘆歲月之蹉跎惟會合兮有時睠獨懷兮奚悲努力兮加食撫良景兮易爲安谷之盤兮聊歸處終吾生兮永弗喧

上元見喜蛛 時丁丑歸自南昌元日舟中有感

惟東風之入律兮去立春之幾時睠江南之多暇兮早見此之暘曦彼青蠅之欣幸兮鼓弱翅以朝飛集帷幄之盈盈兮向朗日以揚輝余方惡其變白黑而亂聽聞兮何凍死之遲遲留殘生以度歲兮亦喘息之何其忽喜蛛之亂墜兮垂輕質以懸絲既隨風以蕩漾兮復照日以透迤故點點以憑几兮仍裊裊以緣楣伊凝氷之未解兮數驚蟄之尚遲何細物之凌寒兮若有兆而先幾聞每出而報喜兮曾未卜其眞譌慨孤臣之屢逐兮楂南界以旋歸殷百憂之耿耿兮懷明農之後期乍見汝之懸檻兮聊以慰其遐思伊仲春之將季兮逝將返於樵西歲或登而足食兮

蠶或繭以豐衣蕵莠或絶於田疇兮瓜菓或熟於場畦室家安而租稅完兮公庭或免於箠笞讒人其遭虎噬兮鬼蜮或震於雷威抑言歸而返初服兮理先世之裘箕樂棠棣之繁華兮歌伐木之遺詩追太上之眞脩兮進德業之及時自身心以達之家鄉兮普和協於脩齊卧林泉而獨樂兮一達塞而何思載吟弄於樵闗兮指江門雲谷以爲歸是余素心之所爲眞喜兮將永矢而弗虧豈纖纖之微類兮顧有得於先知泛孤舟而無與語兮聊獨酌以盈巵

中山退祉

君子壽兮壽且康醇德孔固兮福永昌届此八旬兮初度

龎眉鶴髮兮容洋洋春風和兮春晝長春山繁茂兮羅泉
芳良辰好景兮華筵張賓客濟濟兮麗衣裳簫鼓塡塡兮
樂且將羃蟠桃於東海薦南極之壽觴嗟君子之樂兮樂
無疆
結雲蘿以爲衣兮備交梨以爲糧集衆芳以在御兮駕言
遊乎上方赤松𤕤其左乘兮子喬道其前行徜徉乎無窮
之域兮逍遥乎太和之塲吸上淸之玉露兮飱旭日之朝
光乘元化而以優游兮何世俗之可量嗟君子之樂兮樂
未央
君子壽兮康且泰朝策杖兮出山漈思公子兮今安在采

芳馨兮嶺以外雲樹森兮渺無際欲往從之兮江流沛春日遲遲兮歸無害帶羅浮之光風兮染西樵之瑞藹舞斑斕以薦祉兮侑之以明都之華繪舉清觴之秩秩兮殷景福之攸介嗟君子之樂兮樂未艾

李太華死事

何北風之凌厲兮白露結而爲霜百草忽其萎瘁兮木葉紛其隕黃猗彼參天之松兮凌嚴雪而愈蒼嗟歲寒然后知松之后凋兮亘百世而流芳

何北風之凌厲兮晝昏號以摧殘蔦蘿附此高枝兮紛改色而凋顔猗彼參天之栢兮獨戰狂飈以盤桓嗟歲寒然

后知栢之后凋兮櫱瀛洲以孤蟠

陸地生蓮　壽王績齋乃翁

胡爲陸地兮出蓮花青跗兮紅葩菩藟兮紺質爛熳兮瑶華蕩秋風兮彩雲映朝旭兮流霞美種兮上瑞休徵兮孔嘉哲人兮肇生鍾靈兮聚英擅上代之奇秀兮攬皇祉之單盈參元始之精一兮亘千古之令名有美人兮無度天保定兮孔固亶靈脩兮妙高服馨香兮潔素容葉縡兮爲帷高華朱兮爲輅參洞仙兮山中恣遨遊兮天路製芰荷兮爲衣襍芙蓉兮爲裳浥落英之清露兮摶墜粉以爲粮被芳聲兮謁帝帝怡顔兮悦康爰錫余兮珍羞復侑之兮

瓊漿與余游兮太清歓沆瀣兮飱英曰永矢兮弗過萬有千年兮長生余既承此嘉宴兮又耳聆夫德音再拜稽首兮肅裾衿佩話言兮耿介恐綿力兮弗任睠鵾鳩兮先鳴嗟衆芳兮易歇揮長鞭兮神龍馭逝永都兮水晶闕

謫鋤芝草 壽王績齋乃翁

芝草生兮崑崙漪萬歳兮千春被五色兮朱孔陽仙之植兮美無垠美無垠山之沚生復生無耘耔帝謂余有緣者少好脩老不舍蓬之心爾既治兹靈根惟爾畀荷爾鋤求爾友薙芝苗除芝莠余再拜兮稽首載辛勤兮胼手日月長兮山中帝子來兮採三秀既滋之兮九畹又樹之兮百

畝將蕙蘭兮，比馨香又珍奇兮，擬瓊玖以獻兮，左右稱觴兮萬壽，帝謂余兮靡曠鰥力則殫兮，心則閒致虛靜兮，神孔固二八姬兮美容顏，道機熟兮歸天關，毋留滯於元圃之間。

統觀全賦率皆雜湊成文無理取鬧

霍勉齋集卷之一 [illegible]

# 霍勉齋集卷之二

南海霍與瑕著

十三世孫有光　世光重梓

十二世孫進芳校字

## 詩四言

### 龍德歌壽甘泉湛尊師

龍之潛或潛在淵匪江匪漢瀚渤瀰漫江門之渚游洋容與江門厓壑磨龍鱗角江門有雲龍鼾十春於戲龍壽無垠兮百千斯年乘元氣以逡巡兮

龍之起德施斯普日照其鱗雲曳其尾下水上騰和風甘

雨桑楊在山菁莪在沚發育化生三千桃李北自幽并南踰交趾過化存神風行草靡於戲龍壽無巳兮百千斯年乘元氣以終始兮

龍之驤路厲奮揚伸縮翕張電裂碧空奕奕其光迅雷震之震驚四方蚍妖鼠怪遁走伏藏作雨瀼瀼黍稷穰穰南都民士悅豫且康於戲龍壽無疆兮百千斯年乘元氣以翺翔兮

龍之歸冬烈秋凄雨雪其霏濤霜疾威寒氣總來何草不萎羅浮之涯阮湘之湄以蟄以潛以游以嬉復見天心味淡聲希於戲龍壽無期兮百千斯年乘元氣以棲遲兮

龍之德光明峻極時潛而潛九澤脩鬅時起而起敷天化雨時驤而驤不顯其光時歸而歸帝命不違太和元氣流行四時剛健中正純而粹而於戲龍之壽兮始天地而無前終天地而罔後兮

陟東門

陟東門望望羅浮葛翁一去今幾千秋羅浮長在視葛翁之跡若蜉蝣猗碩人之壽兮壽若羅浮

陟東門望望白雲安期一去今幾千春白雲長在視安期之跡若飛塵猗碩人之壽兮壽若白雲

我思古人温良恭儉詩書執禮覺此良彦凡到于今是彛

是憲彼美人之壽兮碩人之壽兮
我思古人尼叟時憲堂堂仁義低害管晏浩然者存萬世
如見彼美人之壽兮碩人之壽兮

采松歌

采松采松東門之阿于以析之炮羔炙鶩我餚既馨我酒
既嘉躋此同人友生孔多稱觴上壽碩人逶迤
碩人在上雍雍默默凡我友生秉碩人之德執豆獻觥鞠
躬磬折步武趨蹌有儀有式碩人燕喜亦酬亦酢
三獻既陳禮儀孔殷童子登歌擊鼓叩筍百拜稽首碩人
彌壽碩人彌壽以燕爾后昌熾而臧德音孔茂

碩人曰都百爾譽髦毋忘今者之樂聽我耄告各敬爾天之靈以壽爾造衆拜稽首碩人善誘敢不敬承碩人之德于永久

集古雅歌題慕溪兼賀壽

山有蕨薇薄言采之不盈傾筐悠悠我思
山有喬松于澗之中企予望之憂心忡忡
月出皎兮于林之下白露未晞薄言觀者
爾之安行永言孝思天保定爾壽考維祺
愷悌君子爲龍爲光倬彼雲漢追琢其章受言藏之德音不忘

思皇多士稱彼兕觥作此好歌不顯其光介爾景福壽考不忘

贈遠人送蔣道林郎歸湖湘

荷之華在彼中澤我贈遠人言采其蕣

荷之華在水一方我贈遠人言采其英采英采蕣美贈也

荷之華在彼中洲我贈遠人以歌以游歌游於荷華之洲甚樂

以歌以遊泛舟中流逝者如斯若之何其休水流不息吾可以少休乎

以遊以歌泛舟中河今者不採蓮秋風且多不學將時過有難成之憂

江門之荷而今燦燦外直中通不支不蔓誰其采之緣江不遠道不遠人求則得之

甘泉之荷江門之滸五湖煙深六橋月霽誰其采之願與子偕逝

沅湘之水其流泱泱蘂渚花汀馥郁芬芳昔有美人製荷之裳飲荷之露飡荷之英來此明都寻浥其光言旋言歸于今七霜雖則七霜何日之能忘于嗟乎折荷花以贈遠人起予心之懷將 末章懷道林也

送洪覺山先生北歸 戊申

五嶺之原梧桐猗猗其華菲菲其實離離鳳凰于飛覽此德輝

兀兀樵山千仞其巍君子至止碩人時依千仞徊翔明德

是儀
決拾既齊弓矢既比鳴鐘擊鼓童子奏詩三射不違示我威儀
西谷幽幽澗水悠悠俯此青瀾峙彼高樓碩人作之君子優游
涼秋九月金風凄凄越山青蒼百草依依山川脩阻君子于歸
于歸何方婺源之陽蒹葭蒼蒼白露爲霜願言隨之道阻且長
君子之駕如雲如龍君子之馬如電如風願言御之可望

不可從
君子于歸兮越山凄凄兮瞻望不及悠悠我思兮何以贈
之詩歌矢矣

五嶺八章章六句

惜別

緑彼柳斯生于廣陌迢迢者車言歸南國折此楊柳以贈
遠人悠悠我思天際停雲昔我覯爾雨雪盈路今者之別
華春已暮月生于西日出于東馳波迅逝孰長好容古昔
哲人寸陰聿脩彼懵愚人怵數春秋灼灼瑶華榮矣不復
滋勉勉君子脩勤貴及時道之云遠力靡倦而師有成訓

永言念而翩翩鸛鴿飛尚登于岸而

## 安愚雅詩 庚戌

翩翩黃雀集于廩瘦時啄時顧亦罹于罟燕燕歸飛出簾入幕傍人不疑終安且樂人之宅躬尚巧乃窮不如拙訥秉德之冲有美一人安愚自號允矣君子胡不慥慥衆口便便吾守其默言之不出終焉靡媸亦知其白寧守其黑藏神於晦終焉允吉彼何人斯不徑不竇始也類迂德音實茂陋巷之子蘊有若無濟粹中涵幽光奕如君子攸行其則不遠瞻彼前哲是儀是踐是儀是踐允淑不瑕盛德容貌亦孔之嘉

## 就芝頌

兀兀者山胡然其崇簣土之階卷石之豐君子介祉善積之隆君子積善自祖徂孫何以占之吉夢斯頻其夢維何祖錫之慭錫之斯何滋華莘莘藹其在庭有馥其芳亦既覺止芬馨不忘世祖之澤念祖之德懸斯慭斯作亭翼翼既有嘉構植芝其畔而培而灌滋之九畹惠風徐來其香載院我有嘉賓於焉泮渙既飲其墜露復紉以爲佩脩我懿淑皇祖時對子子孫孫式儀式類昌熾而藏有引勿替本枝奕葉蕃茂靡穢凡百君子聞風咸喜作之好歌以彰其美誰其頌之勉東者子聿追來孝在潘氏孫子

初四日舟至觀音嵓憶諸兄弟集古寄懷壬子冬十一月

十月之交北風其凉山川悠遠何人不將泉流旣淸維舟方之兄及弟矣遠于將之蒹葭蒼蒼淮水湯湯之子于歸我心憂傷瞻望兄兮陟則在巘不遠伊邇愛而不見英英白雲悠悠我心子惠思我懷之好音

十月一章二十句

代諸兄贈弖和前韻益嗟于弟行役之意也

冬日烈烈何草不黃飄風發發亦孔之將之子之遠經營四方式穀與女福履將之江漢汪汪淇水湯湯瞻彼中原道阻且長念子慥慥陟則在巘企弖望之一日不見世德

作求實獲我心先君之思子寧不嗣音

冬日一章二十句

寄潘春樓年兄 己未孟冬七日次天津

維此暮春既多受祉邦家之光薄言觀者既見君子豈樂飲酒顧我復我亦孔之厚四月維夏七月流火一日不見子惠思我秋日淒淒白露爲霜　天子命我時邁其邦我獨南行憂心且傷顯允君子遠于將之旨酒斯柔稱彼兕觥何以贈之追琢其章既醉而出出自東門睠言顧之英英白雲泉流既清汎汎楊舟嗟我懷人我心悠悠念彼碩人在水一方懷之好音不成報章

李太華死事 癸亥

[illegible][illegible]五嶺代有俊人冰霜其操寧有其身於維太華鳳質龍鱗受　天子命以守海濱北風其寒小醜煽塵憑城五年保障斯民艱難葺構靡力不陳小邦憔悴賊勢孔殷乃捐其軀以報紫宸烈烈英風睢陽之巡天子軫念恤典載伸峩峩太僕渙以綵綸及其後嗣咸荷陶甄於戲死而不忘孰則是倫於戲我廣之事今且然孰其奮不顧身拯我黎氓紓　聖人南顧之頻頻余將仰叩于蒼旻

送杜　方伯入　覲 甲子九月二十四日

顯顯方伯屏此明都惠綏三年嘉有丕謨　天子曰歸來

奏碩膚山川阻遠載馳載驅篤言送之珠江之郛　右一

方伯維儒恂恂大雅外融中方若金出冶威則狡胥惠則鰥寡百粤賦徵無不平者盈盈口碑自堂徂野　右二

暮春三月東征孔棘方伯維之餉餽有繹四月之夏柘林爲逆薄于城下民罹其賊脂民肝骨遠邇躅躑峨峨大艦燒焚靡孑方伯圖之畢舉羣策以佐元老驅除蕩滌是底嘉績危城以磐石　右三

人莫不有言民之憔悴虐政之由滋貪人敗類棘去其殘民是用惠去之彌棘貪夫孔至曷不深念以圖其濟古昔哲人温良愷悌信義不渝以孚于有位上德孔昭邑人不

誠方伯歸哉陳是蓊毳曰皇庭有微風百辟時under右四

人莫不有言賢材不興不足爲邦國役治以毋登我靜圖之如彼岡陵東風解凍何物不增棟樑榱桷何用不勝萬邦黎獻濟濟蒸蒸或沉或浮是舉是升苟執其樞庶績斯凝方伯歸哉敷言于　明庭曰鈞濱漁澤有翼有馮右五

老鶴寘棲

有鳥有鳥長頸長脚縞衣元裳自鳴曰鶴朝飧彩霞夕宿滇漠振翮天衢逍遥雲壑一雛漸鴻再雛丹鸞五色文章羽儀麟閣猗彼靈脩神守寥廓服氣長生天機槖鑰噫其青田之寘舉兮赤壁之夜掠兮將華表之三千年兮御元

氣以遨遊吾不知其所磅礴也

嵓窩

嵓有松凄以風幽人是傲以寄遐蹤嵓有石可屏可席幽人是適於樂以無斁嵓之上停雲漾漾望望停雲我思無量嵓之下匪沮匪洳潛有蟄龍何年興雨嵓之左柴門深瑣幽徑可尋芳君子時適我嵓之右芸窗竹牖貯有旨酒君子來遊樂飲且又嵓之窩可嘯以歌君子來過載嘯載歌上經之以雙輪之烏兎下緯之以萬古之山河春花秋月秋桂春蘿無隱乎爾妙悟良多山鳥窺人天風送和于嗟乎斯其爲嵓之窩爲安樂之窩吾將與子歸處兮永矢

弗過

寒食 甲子三月七弟諱晨

春華敷榮春日漸陽歲月其徂思子永傷
庭樹有枝藹其繁陰歲月其徂思子傷心
謂山其高謂水其深涕之欲隕載掩寻衿
驅馬出郊風凉月皜曰其少飲僕夫是告

贈謝尹北上 事具孤志錄

謂其有勇力歟世之有勇力者不少胡爲乎烈烈轟轟如
公孔杳猗歟偉乎斯其爲强項之夫古之所謂大丈夫
謂其多聞識歟世之多聞識者不少胡爲乎轟轟烈烈如

公孔杳猗歟偉乎斯其爲骨鯁之夫古之所謂大丈夫
猗彼游春士女載好被服綉羅采芳盈道行歌互答惠而
黠姣胡然我所思兮西方之大老兮送公遠行歌浩浩兮

招隱 爲祥岡翁西游作也祥岡如端州十日不歸憶而招之

盍歸乎來昔也飲水啜菽以無不足何今者之逐逐
盍歸乎來昔也袒褐單襦其樂有餘何今者之瞿瞿
盍歸乎來北風下釣磯鳥耳蟮正肥與公聊樂飲樂以忘
飢
盍歸乎來前汀送遠舟明蝦大且脩與公聊樂飲樂以忘
憂

南江遐祉

園有蔬兮紫薑嘉果熟兮柑黃綠橘番兮青焦薦壽筵兮
侑觴山之高兮水之長君子偕老兮樂未央
圃有蔬兮枸杞嘉魚登兮鯿鯉酒熟兮蟹肥薦壽筵兮燕
喜橘之洲兮栗之里君子偕老兮樂未巳

開復舊河濠

河水之悠悠兮人或以爲尤兮曰胡爲乎不緘將起羞兮
尚慎旃哉
河水之漣漪兮人或以爲非兮言胡爲乎傷易誕以支兮
尚愼旃哉

北山有松　爲黃慎齋司訓八十一

北山有松其幹凌雲露雨澤之幾百千春于嗟乎松之茂兮慎齋之壽兮

北山有栢其幹凌霄春華不滋秋柯不凋于嗟乎栢之茂兮慎齋之壽兮

桂之坡　壽梁桂坡

桂之樹彼美無度幾回春風幾回春雨涼秋八月太清泫露有茁其華芬芳布濩

桂之華清海之涯靄靄天香燦燦朝霞涼秋八月吐此奇葩廣寒之宮宴爾維嘉

桂之葉繁陰疊接桂之枝結子疊番桂之下誰來游者桂之披叢樹婆娑我有嘉賓樂飲微酡呦呦鹿鳴食野之莎我嘯我歌坐石爛柯百千斯年永矢弗過

優孟衣冠令人欲笑

詩人好為古樂府
隨園老人笑鄙之
前數百年而生吾
為先生幸

# 霍勉齋集卷之三

南海霍與瑕著

十三世孫有光 世光重梓

十二世孫進芳校字

## 古樂府

### 聖人出

聖人出，黃河清，多士生邦家禎。多士思皇元老，慮四方九重垂裳。南暨遐荒，莫敢不來王。猗歟休哉，萬壽無疆。

### 戰城南

戰城南，疾風雨，三軍夜渡龍江水。頻年辛苦瘴煙中，白晝

眉鬚行未止於皇將士綿綿翼翼天威赫奕蠻醜蕩滌平
樂旣平懷遠亦懷新寧十寨次第綏來是惟元老之猷一
何壯哉

雉子斑

雉子斑春草綠呼雛喚侶戲西疇有時羣向清溪浴逢人
何事太從容王孫出遊無彈弓至人在位煽仁風煽仁風
萬物若山梁之雉鳴且豕

閶闔開

閶闔開臨九垓正面南離俯交阯道一風同萬餘里哲人
應運綏福履綏福履踐泰堦開府南州星幾廻河清海晏

越裳來　天子有新命元老歸來曰總是憲臺憲萬邦哉

有所思懷知已也

有所思山之西蒼梧千里九疑低畫堂高歌勸君酒春風滿座祝君壽一別十多年孤山鎖暮煙天涯知已青編在西南有記誰當採廉頗空飽馮唐易老有所思山之西

江南弄

薰風五月隔江來吹徹重城上玉臺五絃琴奏鶴徘徊鶴徘徊人吏散時一揮蒲葵扇

長歌行王太守號績齋

人孰不有父王侯爲之教其子人孰不有兒王侯爲之教

其弟青青子衿忠信孝悌出言有章邦家之光猗其中洲之菁莪兮北山有楊

短行歌

我行端州三年六度載見君子不攺其步乃如之人兮靄陽春兮淵乎是類吾不知其裹炎天久坐使我忘暑

大堤行

朝行大堤上游春士女三三兩兩暮行大堤上唱歌賣餅聲嘹喨堤畔墖一何高聳天柱補坤鰲完瑞氣育英髦誰其作之民忘勞千斯年斯繹子之綿斯

採蓮曲

七星崙下採蓮花蓮花人面照明霞昔年湖水注東斜誰
盤渠繞城左綠東堤顧復我泛蓮舟出江頭搖慢櫓遡安
流千斯年斯繹子之綿斯

梅花落

梅花落盡端州道鷓鴣啼亂春山曉女郎兩兩踏歌行愁
殺嫣綿堤畔草堤畔草使君車三年爲政樂何如歌且謡
來趁墟

公無渡河

公無渡河羅旁綠水惡風波深潭靜夜舞蛟鼉豺狼白晝
血人多血人多將奈何

戰城南

戰城南烽燧舉羅旁賊首猛如虎陳侯殲之不一鼓追奔逐北無遺侶顯顯戎功上軍府譊㵾金毀銷骨葢世英猷竟埋没寄語凡夫莫鞅掌烈士報國安圖賞中流屹石對貞心年年歲歲惡浪崩騰任消長

越人歌　貳守之子石淵公七歲從宦端州今來推府廣州時至崧臺覽舊迹而興思焉

今日何日兮維舟崧臺客從西方兮以酒漿來清歌互勸兮樂極憎哀綠江碧樹兮發舊枝望南山兮白雲飛白雲飛兮天欲晚王孫遊兮何時反

黃鵠歌

黄鵠一去兮雲濱濱歲月滋長兮無音聲有雛有雛兮五色毛羽凌空高舉兮來西土來西土兮集故枝颺清風兮振彩衣天高日朗兮　帝道重熙河清海晏兮見羽儀

度關山

度關山風乍寒搴帷躡露千峰曉黄童白叟隨車繞陽春有脚少君來舊日遺黎康樂哉康樂哉歸安處門無咆哮吏日高眠未起

採桑度

採桑度春晚人行路今歲蠶絲大有收時雨家家急農務使君來問疾苦山村父老嬉無語聽流鶯轉高樹

戰城南

戰城南整師旅舟如龍人如虎元戎六月出波羅一洗妖氛淨疆宇㳿涌蘆荻長青海不揚波昔聞水鬼哭今聞兒女歌兒女歌聲自好誰贊鴻勳陳太老

關山月

明月上關山流影落前灣前灣風浪息賈客串珠還沽酒追歡賞商歌夜未闌

長歌行

仙城有佳園園中桃與李二月春風深樹樹殷紅紫誰尸造物工朝陽更時雨秋來食其實應知價不貲

臨高臺

臨高臺兮隔洲白蘋紅樹送新愁惜遠別起離憂昜靈脩
加飧食潯州之水不咫尺男兒投筆自封侯何況金章紫
綬照蘭舟昜靈脩

易水歌

渉易水北風凉昔爲戰國今虞黄簪纓萬里總文章總文
章邊塵起烈士悲秋風壯心猶未已誰知已爲君死

君馬黄 過張鷗江宅

君馬黄我馬元長安道並乗鞭行入司丞相府盛冠裳羅
樽俎發清謳揚妙舞對酒當歌生幾何春華零落空庭柯

三十六年迅逝波憶昔復憶昔人今頭已白瘦馬過門前誰識舊時客

雞鳴歌

雞旣鳴風露零起視夜步中庭十月雞鳴纔夜半大星未起小星燦我思之人在北方欲寄音書無羽翰

將進酒

將進酒夜未央樓臺初月上林薄緒風凉吹鸞簫和鳳管倒犧樽酌鸚碗我爲君歌君莫辭滿去日苦多來日短樂今宵無思遠

巫山高

巫山高高入雲搴裳涉水遠辭君南渡瀟湘採芳芬瀟湘之水東下洞庭秋風夕起波浪生凉露下太淸雲雨夢難成惜往日泣涕零

龍閣晴雲　江南弄八景

滄溟蜃氣結魏樓九天日照成丹邱文章五色爛瀛洲爛瀛洲鬱龍閣圖現河書出洛

鳳池朝日

鳳池岡面映東陽梧桐結子葉邊傍凉風漸起靑且黃靑且黃盈金翠有鳥來鳴盛世

藤涌月露

朦朧初月照藤涌參差荔子横低空連天水色露華濃露華濃歌婉轉寄相思天苦遠

桂圃風香

短槎迫遥遡銀河金風吹冷桂枝柯廣寒宮裏問嫦娥問嫦娥秋幾許探花郎來伴侶

岡尾樵歌

南山山上鬱青松南山山下遊兒童三三兩兩笑歌濃笑歌濃歸路晩牛下山月出坂

灣頭釣艇

一番番釣六鰲愁二番番釣殷商周三番番釣客星流客

星流侵帝座且歸來春江卧

登洲湧潮

潮平兒女唱歌來潮落中流慢櫓回登洲兩岸亂花開亂花開雜芳草即不來春將老

西淋返照

江天漠漠白鷗飛綠野漫漫堤樹微懷人獨立晚忘歸晚忘歸發孤矚望西淋餘返照

江南弄哀貞節也

生兒百日喪所天春風秋月恨綿綿三年五載抱兒眠抱兒眠强嬉笑欲引訣憐兒少

見生七歲美容姿趨蹌步武逞威儀良辰吉日爾從師爾從師予從父生別離勿相顧

孤燈微滅天氣凉更深夜靜影徬皇上床莫更喚阿娘喚阿娘知何處悲復悲誰憐汝

天明早起風蕭颼八旬祖母爲梳頭隨羣逐伴學中游學中游歸來獨冷飯茶聊充腹

遠別離 送管慕雲公 祖陟西廣右幕

惜春復送春送春兼送遠淸尊珠海濱含愁歌婉轉

別公廿載前見公廿載後只今又別公見公知何又

田家樂

採桑桑葉稀養蠶蠶上箔繰黃米復賤處處田家樂
鄉村無吠犬里閭聞笑語月明行答歌處處田家樂

估客樂

估客自東來三年游南海南海靜無波知有姬公在
東海恢天網天老舉其網吞舟時或漏終然斷其吭

龍馬歌

龍馬行空步騰驤在天衢天衢多鴈陣爲寄廣州書

望九疑

行行上桂林望望九疑山翠華瞻氣象帝子在雲間

謁重華

燆燆焚餘草共驩賴掃除　重華今在御賡歌喜都俞

寄遠

緘書寄遠行珍重慰瞻憶寒夏願添衣晚嵐須早食

跋曰瑕抱痾孤山聞　慕雲公祖榮陟不能出送買

手卷于五羊乃無佳者姑錄拙作見子民懷惠之私

誌野人暴芹之悃耳歌送遠記情也公憲是百辟嶺

海肅清四民樂業歌田家舉其一也三年無颶風海

不揚波歌估客百靈效順也公爲政持大體下邑時

有恃冰山貪婪者姑容貸之令自愧敢有程伯子之

風焉歌天網界有昊也公從此登廊廟佐　聖主彌

南風之琴以阜兆庶矣歌謌重華頌也無窮之禱惟珍重爾故繼之以寄遠焉公有嶺南百詠適獲捧誦珠璣璀璨金玉鏗鏘若瑕得早見不敢獻此芓葭矣然知音之前正下里所宜自效者望笑覽焉

霍勉齋集　卷之三　十

# 霍勉齋集卷之四

南海霍與瑕著

十三世孫有光　世光　重梓

十二世世孫進芳校字

## 詩

### 五言古

#### 論詩呈雙魚 丙午五月端五遊海珠次日呈此

俯仰千古餘將詩與君評渾渾太古音雄深爲世經載賡自虞廷五歌傳夏聲商頌既淸廟幽微入無形上溯天載秘下宣文治精小雅及大雅淵淵皆難名滔滔江漢流倬倬雲漢明紀綱萬國具允矣信大成

小雅多言政大雅多言德古人信知言昭昭存簡策傷哉
周德衰變雅一何多徒寫君子憂喪亂可奈何
王風雅之亡鄘衛風之變變雅多隱憂變風多哀怨離亂
亡國音萬世艮足鑒豈無君子人幽懷空永嘆更有棲衡
門又如歌簡簡輕世肆其志高尚不自亂惓惓尼山叟鳳
衰遊不倦磬寫當年心滔滔竟不反晚歸正詩歌百代垂
明憲
國風雖離亂時聞平淡音降及離騷作哀思不可任馳騁
不可御縱橫更莫倫遂爲詞賦祖精華世所歆嗟哉鐵石
腸徒寄此璆琳

秦居列國中其聲獨渾雄霸圖雖烈烈夏商亦遺風矧據
關河勝地厚氣亦鍾所以春秋末居然併七雄
漢初尚淳質文雅殊未蓬風氣頗類秦詩歌猶甚稀建武
招文學詞章鬱以摛汜濫多雄賦然而古意衰一十有九
章實擅漢代輝下及魏晉間曹謝攬其奇作者日以多風
骨日以卑江左傳六朝纖巧益以滋詩章與世運升降展
相依
唐亦六朝變聲口皆餘波濟之以渾淳沛然遂成河中葉
李杜興巍然萃其英古風賴一回雄才砥滄溟晚唐又漸
靡清聲徒泠泠作者豈不勤氣習良難勝五代更無聞宋

朝且未評
渺渺盛世音終古不復起氣格日以微波流日以靡欲障
此頹瀾吾儕當自勵馳驟應千古上下宜百世囊括盡諸
家包含兼六義志立事竟成誰云古人逝與君更切磋一
簣毋自止予亦悠悠者鞭策賴君子
在天有星辰河漢爲其章在地有山川草木賁其芳詩乃
人之華蘊藉耀其光內外本一致德言互顯藏實德展無
量矢言自輝煌古者以道志末世但輕颺與君更勉力內
心不可忘

奉酬勉純　己酉秋

南國有佳人遺我尺素書書中成錦字文章映碧虛情義
既洵美德音復婉都回首樵雲外感此益凄且寥寥鵠鵠
詩君今歌是圖
客子登征途雲山淡且好漫漫夜向長冉冉秋將老親戚
生別離童僕自相保極目天之涯零零盡衰草廻顧望舊
鄉憂思邪能道
皎皎對明月泠泠撫孤琴呦呦調鹿鳴青青懷子衿清聲
流徵羽逸響振窮林神理有感通子然獨傷心
遊子陟皇路幽人嘯碧林南北既異天情意復鉛金愿言
奏雅歌既翕和且耽巍巍山自高洋洋水自深徽音發陽

春嘉讌重相尋丈夫有遠志宇宙一謳吟造物以爲侶悲歡寧關心

乘月訪覺山先生於西溪次夕復侍教次鐵峯韻

雨夜訪西溪皓魄當樓皦清飈來遠天凉露滴前嶠嘉會逢兹夕良晤殆通曉高山侍子側徽音寫元妙丈夫貴知心幸矣一相眺紛紛遽言别此恨何時了

用鐵峯韻贈明谷方子北歸方子偕覺山南遊

恣遊憶昨夕風高山月皎人影落茶溪濤聲掛松嶠淒清溢杪秋朗淨凝平曉良談屬光霽元思徹徽妙春陽入素紘秋堂共澄眺三益幸已親六根行當了

客子掛征帆秋風正隕黃英英天外雲零零草下霜悠悠送遠情汪汪江水長相逢恨已晚匆匆又離觴慷慨復慷慨臨流欲搴裳願言各努力庶以慰同方

贈别

君子歸南國驅馬遠送之惠風敷廣野正是暮春時景物宜共樂胡然復違茲聚首曾幾何各去天一涯對酒不成歡凄凄復凄凄折此楊柳枝以贈之子歸願及此芳晨努力揚明輝莫待秋霜至蕭瑟徒堪悲

遊羅浮侍甘泉尊師

重遊羅浮山一覽遍諸天諸天入我懷登陟忘間關指點

賴至人相道取其便石徑藤蘿合芒鞋步履穿心勤不知倦忽通大有門飄然飛雲頂宇宙成小觀

德州別達泉朱殿撰　癸丑季春

驅馬出皇都忽逢君子車騏驥騁康莊駑駘幸追趨連日奉德輝亘晤討蒙愚中夜起達朝恐負此久要匆匆遽言別誰復相提挈

鬱鬱陌上栢幹植自撐天青青隄畔椰根深春自妍丈夫有遠志大成夫何言所願及亘晨努力揮長鞭日月迅雙輪誰能久朱顏

昨夜月初生今夜月已滿見月知春歸遊子路殊遠寄語

遐征人勉勉更勉勉前無稅駕期日日復時時
漠漠燕郊雲悠悠德州水后會當何期且進杯中醴落魄
多慘悽況逢人別離男兒羞墮淚忍涕贈瓊瑰願君置懷
袖毋忘今所期

贈練臺子 癸丑

淡淡素秋雲冷冷碧江水悠悠末世交無情盡如此卓彼
練臺子高誼獨洵美雞窓廿載前貞心誓如矢萍逢廿載
后久要殊未弛道及骨肉親悽酸不堪比子親未歸藏孑
懷當何似買山不用錢購子青葱畤百歲歸其宅千秋永
不毁厚澤蘇枯朽高懷消吝鄙挺然百川中立此狂瀾砥

神聽且和平民瞻具仰止奕奕此景行芳聲誰爲紀嘆息復嘆息操觚備詩史

琴軒 癸丑季春臨青

我有一張琴傳自羲皇時陽春二三月短服被單衣一鼓催春華再鼓惜春歸春風盈宇宙吾亦調吾絲但奏高山音世豈無子期

炎風初入候楊柳暗階墀鶯聲漸以稀時聞鳩鳥啼援琴坐小軒悠然一撫之南薰溢絃柱宛在重華時

秋夜月皎皎涼風滿庭院白露落蒹葭碧天過鴻鴈懷人在隔水幽思托綠綺清聲激徵羽心事向誰語彈罷不勝

情寒蛩喚月明

仲冬風日淒朔氣來邊竅擁爐閉小軒獨玩貞元妙寒梅放舊枝吾琴理新操不是怨梅花漫作江南調

寄沈尹四首　癸丑秋

冥冥山中居望君出山坂絲葉脫稠枝涸水歸低淵蕭蕭秋已深冉冉歲將晏相思久不瞻清淚落如霰欲將尺素書天高少鴻鴈

南海古伯郡土沃民亦淳邇來阨會併飢饉歲薦臻小窮詐長官大窮寇比隣所賴　聖明君再爲借寇恂憫民太艱難仁言何諄諄步武古先賢脚底生陽春

赫赫清軍吏百縣罹疾威傴僂入公堂出門無完肌亦有在中庭頃刻斃鞭笞爬爬泣川子駿奔立堦墀憫民太無辜委曲陳哀詞上官爲平反南海免瘡痍清風驅溽暑人今有口碑

朝步出西園百物少生意細草苦秋風顏色多憔悴亢旱四周旬田禾無墜穗寒江魚下磯河梁淸見底哀哀民孔艱誰播陽春惠寄語五河公努力及壯歲仁言與仁聲沛此恩波濊寥寥甘棠歌憑君一揚袂

贈洸尹北征　癸丑冬

君子急王事歲暮遠行役楫舟江之干相送長太息戚鳳

翔碧空何時見毛翼神龍雨中原南州謝濃澤相送復相
送勞思增忉怛
回首十七年羣居在京華柳樹曲灣灣四圍少人家春晝
有啼鶯春宵聞亂蛙春水滿池塘春風飄落花執手遥行
吟黙瑟更回琴君倡流水調吾亦續餘音倏忽各一天蹉
跎歲月深愚陋少切磋寥落至如今
清朝選駿逸騏驥入馳驅發軔試康莊來下廣州車庭前
雀可羅門絶故人書大奸與巨姓屏息若籧篨廉公信有
威赫赫民所都
煢煢遵古道獨行無儔侶世利激湍波挐舟固凝佇春敷

九澤雲月照逃亡宇慇懃三載間撫字艮辛苦吾民太蠢愚銘鏤空心膂甘棠惜低枝黍苗憶膏雨瞻望衮衣歸何時復來處

山高松檜青水落寒潭碧松檜有貞心寒潭無滓跡保此皎潔姿遠詰當何極珍重復珍重古轍應遐歷中林有故人青眼爲君拭

昨日出西樵山人遠寄聲學貴見大意道貴究大成治貴識大體事貴舉大經瑣瑣細末間何苦太經營近民民自親吏弊安足懲民散吾遠之返本源迺清所以古先人一一理性情振振明道子千載有徽稱

北風落榕葉暮潮送遠舟對酒無多言情意鬱綢繆我歌君爲醉莫惜此巨既明發胥江上江水空悠悠

生在太平時四海無疆址南北遊宦途相去萬餘里一朝分袂別便是天涯事深秋八九月鴻鴈多南逝極目霄漢間應有書來寄

送王巾川北歸二首 乙卯仲春

泠泠巾川子天關三月居朝夕接清輝使我鄙懷舒高深共登眺花鳥足歡娛奥妙不盡言要在不言餘歲序忽變遷春風促征車分袂云在卽惜別長嗟吁釆釆碧桃花贈子萬里途

昨日碧桃花今朝碧桃葉花葉何倉忙荏苒度時節寄語遐征人春光如轉轂采芳應及時莫待花欲飛花飛不歸枝水流不歸西努力復努力少壯難再期天關連夜話相憶莫相違尊前無限意高歌當遠思

贈別

有客自北來來居歷三冬仲春二月半歸思忽匆匆酌酒欲餞之淸尊良易空折花將贈之碧桃已脫紅抱此耿耿懷高歌對春風

燦燦野塘花盈盈碧江水花開天地春水滿蛟龍起丈夫遠遊學志量應無涘飽浥羅浮雲歸去疇堪擬珍重遠着

鞭脩途馳逸軌
春風把春酒送遠意何深春雨生春水歸棹去何駛春雲
覆春山極目渺何陰孤舟涉瀾灘悠悠勞我心何日梅關
外飛鴻傳遠音平安三兩字以慰此孤襟

天關送遠

客子泛歸航天關引別觴三冬憐共學一旦遠翱翔臨流
發浩嘆欲挽子衣裳衣裳不可挽高歌俯滄浪君度嶺之
北我居嶺之陽雲水二千里何時再同堂丈夫志宇宙一
家視四方山川雖阻脩同天共日光勉勉此于征及時多
采芳采芳盈懷抱歸人時寄將

十月十三日送孫小渠歸廬州　庚申

征車遠來下寒菊對時芳離離菊葉青燦燦菊英黃菊英上茶甌菊葉照月光令儀比幽姿明德有馨香幸覯此馨香佩服應不忘

憶昔十載前同立程門雪楊柳揖春風梧桐映秋月一歲旅燕城多荷君提挈悠悠各言歸荏苒度時節去歲忽相逢感舊情何切淒淸海國秋關山勞跋涉高談徹三宵銘德有心碣

幽幽江畔草漫漫江外路客子上歸舟相思渺無度相思不可期相見知何時別談何容易回首即天涯把酒不能

歔高山聊爲彈一鼓偲別鶴再鼓月關山三鼓不成聲江波空自潺贈此忘彈意置君懷抱間

細雨度秋山菊花黃欲墜送遠多苦心一灑寒江淚寒江十里程新月湛江明晝航浮月去而我自山城山城鳴夜角踈星何錯落思君夢不成遠聽殘更鐸

和寄孫三渠翁壽　庚申十月十四日

采菊復采菊清露溥瀼瀼緑葉間黃華綽約美人粧美人在何許河草憶中郎矯矯少壯年嶺外度三霜江門有遺愛芾棠毋剪傷黃雲紫水間來往自慈航瞻彼厓山宇至今耿輝光去思何悠悠芳聞復琅琅厚德流無極令子嗣

文章交遊海内英太學聲譽長賤子獲追隨幸不棄踽涼秋蘭結同心時菊步妍芳就此馥郁傍野服被馨香一別一十年無路舉瑤觴遥瞻堂上椿歲月不可量欲獻此蟠桃嗟嗟人異鄉聊附采菊歌珢函借輝煌悠悠千里心寒𡷊天際黄去馬問脩途歸舟絶滄浪別恨兼遠懷碧空度鷫鸘

用陳唐山韻送艾陵林先生北上三首

客子上征舟正值此陽月籬菊有黄花嶺梅含白雪采菊復采梅持以贈遠別遠別思悠悠好歌聊三闋好歌應擇時好鳥應擇棲君看九苞鳳翺翔覽德輝一鳴元愷集再

鳴二老歸從此休風洽四國仰垂衣珍重天門去泰茅方
類聚瞻彼萬仞山上有凌雲樹老幹耐冬寒長材棟廊署
願保此貞姿獨立嵓崖處孤清漱凜霜千古瞻風度
冷冷江上風皎皎江中月弄月更吟風幾立師門雪昨日
山間來今朝山外別別我二三子驅馬朝金闕禹稷際昌
時顏閔樂高棲神龍斂雨澤冥鳳渺德輝顯晦各有適殊
途廻同歸不見冬與夏裘葛各異衣翩翩青袂去好語何
由聚送遠思凄清北風吹庭樹亂葉振北風蕭蕭下前署
茫茫宦海深畏途知幾處灘頭白浪高願公且徐度
放舟大海流滿載東濵月月光照楚裳翩翩飄白雪擊楫

發清歌寫此遠遊別雅調徹釣天萬里開銀闕㫜會復㫜時沙鷗點點棲寒鷺立汀洲皦潔映清輝遠遠望前灣牛渚有郎歸白浪三千頃聊以澣吾衣蕩入明河去炯炯德星聚兩岸散天香依依桂子樹燦燦水晶宮森森列瓊署八極本吾家高踪隨處處君今恣遠遊洵美應無度

再步韻寄懷　郭平川黄門

上上羅浮山上有一輪月光涵四百峯一一如積雪紫府更丹垕迴與世間別白玉砌流池水晶爲宮闕美人昔來時宋明會共棲樓頭發浩歌朗月正揚輝弄月不幾何匆匆遽詠歸冉冉出山館飄飄雲滿衣仙踪一以去芳話無

由聚寂寂天關塵蕭蕭連理樹萋萋白鷺洲兀兀匡廬署
山高鳫信稀美人知何處好歌寄遠天相思渺無度

人日喜晴 甲子春

此日是人日愛有皎日光晨起看東園高樹映微陽須臾
大風起吹散雲紛攘遠山露翠微林花淨含芳兒童各歡
言今年人樂康天道固應爾人事亦相將一從念載來閭
閻多歉荒朝出鮮飽食晚歸空暮糧茹苦無終極邇來更
狼當四郊盜縱橫焚劫火連鄉捉人橫索錢婦女無完裳
嗟嗟人艱難言之心轉傷繡衣承 帝命鑒臨赫赫煌煌清
風驅酷焰雅志整頹綱百司仰休風庶僚循憲章王靈慚

以振六師頗張皇渠魁殲一二其餘稍遁藏官門更肅清戶役不甚忙田園有新種室廬理舊疆已知今歲樂且喜此日良天心最仁愛憫下更無量只在邦之彥秉德奉明昌看看政有經便應此時賜感召信不忒誰云命靡常歡會更歡會高歌聲琅琅東風寒尚緊滿酌此瑤觴

送梁浮山

漠漠江天帆送君去何所破浪遡龍門五色雲深處東風歸嶺海衆芳盈洲渚采芳欲贈君忉怛勞心緒悠悠復悠悠江臯獨延佇

昨日唱蓮歌今朝擊桂檝桂檝趂時遊蓮歌暫時輟旣後

畫繡榮復綬鳴珂節振振纘世業明明揚祖烈鄉曲有公
言閭閻眞奇杰珍重遠于征江花采盈椾

趲畫李白望月

莫嘯天邊風莫捉海底月長鯨不可騎一去無休歇春山
富白雲歸來同採蕨

游鏡林和泰泉公韻甲子八月

凉飈起天末三城漏初永桂子散秋香桐露滴金井結侔
及良時芳尊遍邀請長鏡何澄明華檻亦脩整兩兩此遨
遊扁舟漾雲影漁竿手自持都從一時屏幽花盈兩岸晴
日麗嘉景琥珀味陶陶水晶光冏冏開襟脫羈絆會云效

硜硜主人更好懷落落松盤嶺遊我以醉鄉曠蕩無邊境使我樂忘歸卧此凌雲艇玉露漱繁襟馥稍傳新茗迂踈承大雅覺來發三省

鏡林泛舟

泛泛鏡林舟眞仙六七個早秋天氣佳清風時入座凌風起遠思高歌誰與和嗟嗟此百年忽如飛鳥過去日已苦多來晨莫輕挫文章穴蟻吠功業牛毛墮勞勞空費神役役安成課淵明是吾師一醉但高卧近來此意眞百爾看都破且把買山錢多糴韶州糯右一

弄弄釣魚竿云是與周手望望吳門波忽見鴟夷首嗟嗟

聲利林西風振楊柳所以五湖中煙波藏皓叟至今幾千
秋榮名垂不朽泛舟復泛舟何處有雲藪 右二
一葦所如 春 乙丑爲何石川泛舟題
昨夜雨初收今朝風更好城北水添渠城南花發早美人
召春游衣裳爲顛倒桂舟依岸莎蘭橈開水藻崇桃夾澗
紅郁李緣堤縞欣欣發樹枝交交啼野鳥萬物感春和吾
亦開懷抱放舟復放舟直抵三山島
其二 夏
五月炎飈起沿江恣泮渙荔子滿汀洲丹霞紛爛熳行行
出前津白浪侵雲漢舟人欣好風舉蒲不能按忽見船頭

舸巨帆障天畔石湖西北來瀾翻太陵亂丁寧戒僕夫吾帆但一半遲遲更遲遲終然亦登岸

其三　秋

秋風到嶺海萬木暗蕭疎水落江涵石雲收天太虛同我好舟儔乘潮縱所如忽忽東山外窺出銀蟾蜍天光與水色萬里爍瓊琚行樂復行樂浩歌清有餘長篴悲遠風短簫翻采蕖夜半潮旣平追歡尚躊徐豈不懷歸棹感君意勤渠

其四　冬

我有一函書細寫先天要乾坤與日月都出此元竅守一

存吾眞萬刼顏長少再三欲授君秖嫌下士笑北風城郭閉與君獨出眺紅爐海底燃雪山天外峭好言不在多半句通微妙語竟人不聞寒江獨垂釣

送曹洞峯憲副陟廣右　乙丑四月十五日

山城春已度水國花仍好遲日到花明炎風入院早有客忽携琴爲余理清操不奏南風謌偏寫離人抱我聆客琴音心緒爲顛倒

其二

天王有新命君子肅敬將翩翩御黃蓋顯顯被豸裳豸裳適西土東人思何長征車一以發涸轍澤何望清江吹晝

角別恨浩洋洋願溥曹風德兼濟此東方

其三

西城鬱隹樹青青凌雲漢胡然我睠之遲立久泮渙赫赫
曹大夫昔鎮東兵亂會坐此繁陰開誠諏聽斷海國今寧
謐伊誰贊成算遐思復遐思江深無畔岸

其四

靜院坐終日悠思獨沉沉忽報大夫車清暇時惠臨倒屣
往迎之侍座肅裾衿高談非世軼一一千古心國風尋墜
緒雅頌振琅琳恂恂勗后輩勉勉嗣徽音我佩此嘉言珍
重比瓊琛冉冉忽經時歲月若駸尋前路遠無窮駑力豈

所任中夜起永嘆念此思獨深

其五

神龍入西州西州三月雨渥澤被高低浸潤兼禾黍何時
升中天洗此炎天暑九州四海間纖洪各得所大旱望同
雲海濱尤延佇

採蓮曲甲子

江南有蓮花江北有蓮花儂在江南岸江北是郎家汎汎
採蓮舟采蓮滿船頭欲向江北岸寄郎好風流水深波浪
惡咫尺不得泊蕭蕭秋漸深芳情焉所托

壽陳唐山七十一丙寅九月二十四日白天正草堂歸燈下

年來澤國濵紛紛結五雲人言賢者隱豈知多是君君抱
蘭玉質四遠播馨芬古木發春華萋然質有文　其一
歸來訪素會羽觴得屢飛良時集車葢巾裾侍清輝氣味
乃如蘭相投靡相違追趨復追趨馨香時襲衣歡會不知
晚每每帶星歸　其二
春風被嶺海園林足好懷閒花到處滿江鳥逐人來花香
入酒巵鳥影隔林棲花鳥趣無窮而君留好題　其三
澄江橫秋色碧空凌曒日江清洗素心日皜麗貞質松檜
檗寒姿桃李有嘉實君子秉德輝終敬以無失　其四
明都坐清嘯好懷無時歇桂子度秋風梧桐漏新月寒香

愜素心孤清沁肌骨吾將躡君蹤飄飄入銀闕　其五

看君已白髮步履尚便便借問齡幾何七十又多年杯酒隨后生長日竟追懽圖書不盡意悠悠細討論道心乃如此精神卽大丹陰功行已滿終須驂紫鸞　其六

謝張鄧西見寄佳作

昨夜北風寒今朝春日煖積雪已全消忽忽春光滿春光散東郊楊柳漸抽條賞春未成歡有美早見招招我河梁去征鞍不可駐回首望同袍遠隔澄江路澄江波浪深相思苦不禁忽然傳綠綺寄我流水音曲高渺難和祇以藏袖襟永念矢不忘珍重比璆琳

寄懷龍皐葉大夫 戊辰三月寓滁

樓船出京口晨潮來東海望望懐中人滄洲隔煙靄春風吹短簫棹歌聲遠遥棹歌自西上思心隨落潮瞻望復瞻望斷魂誰爲招

其一

江邊楊柳樹中春數柔華東風吹其枝使我思無涯風吹楊柳絲我思亂心曲明明慈水邊有美温如玉玉書時寄將素質絢金章受藏巳六年一展一馨香瞻望復瞻望何時遘容光

其二

憶昔學製錦三歲慈谿水萋斐起飃風知予獨君子予自悠悠者守默徂中野矯矯徵賢篇强聒故不舍自余再來

東音書得屢通然而咫尺間乃不覯儀容豈謂姚江深豈謂四明遠莫往亦莫來悠思空繾綣　其三

揚帆過大江水濶情何深江南日以遠知巳誰寄音舍舟適曠野長鞭驅白馬朝整儀真鞍暮脫滁陽駕滁陽山何碧瞻望無終極細寫一封書付與揚州客　其四

贈張印江社丈　戊辰六月十日午刻西長安街

侍君江海間匆匆秋復春野水玩遊魚空山看出雲花發園林媚機忘鷗鳥馴浩歌復浩歌雲水傲閒身九老聚香山元談何清真一自出山來冉冉各風塵羡君理舊緒鳴珂佩華紳朝探嶺外梅暮泊柳河津顯顯服新命肅肅

拜　聖人世路際清平直道乃長伸看君奮休烈指日畫

麒麟我亦乘風便徊翔淮海濵然而野鶴性終非凰鳳羣

卽當返初服毋爲明哲頖君了　天皇事應步赤松芬此

時訂舊盟叅同更細論努力且努力前有無窮門

贈大司馬文峯陳老先生東歸

碩人卷經綸乘桴浮東海徘徊三水濵殷勤别羣采樵西

有楚狂送遠歌囉唻青山足紫芝春晚芳堪採行樂且行

樂今之從政殆　其一

西北天柱傾東南地維拆日月代盈虧寒暑互因革世界

無員滿達觀乃不惑古哲有眞言順應無留迹行樂且行

樂清江漱寒石

其二

東皇布春令雷雨遍九州須臾朗日出渥澤一時收造物固如此至人每同流舍則爲龍蟠用則爲麟游行樂且行樂商霖待有秋

其三

碩人應昌運兩秉南天鉞涕泗拊瘡痍笑談安虓虩碣鏤人心戎功耀金闕胡然遜碩膚去弄滄溟月行樂且行樂徵書在明發

其四

相思歌有引　庚辰四月九日走筆

相思子朱墨相踯豆大瑩色山村兒女或以飾首婉如珠翠收之二三年不壞相傳有女子望

其夫於樹下淚落染樹結爲子遂以名樹云感
爲之歌

楫舟下香山行行翠微里春盡夏方初萬綠葉新洗點點
綠中紅如珠綴雲綺借問道傍翁云是相思子昔有一佳
人望夫大江沚相思復相思相思無時已閒倚相思根淚
滴相思底東風送鬱陶掛作相思蕋散作相思花結作相
思子瑩潤比珊瑚紅琛鬬洵美從此落人間緣鬟仍充耳
化石亦成臺古來誠有此茉莉與素馨馨香何足恃嗟嗟
此相思千年心不死我亦相思人昔涉相思涘曾唱相思
歌細寫相思指無路寄相思空結相思瘤徘徊相思下相

思聊復爾歲歲更年年丹心照流水湘竹已全斑重華何日起

寄關紫雲八十翁步相思歌韻庚辰四月十日

老翁八十餘步行五十里雙足混泥塗淸江時一洗手持尺素書書中羅錦綺來訪石頭公人訝眞仙子主人適命駕遠遊香山沚二子出迎賓賓主情無已春雲覆高松夜月沉江底松杪有鶴鳴江波盪花蘂花落照江紅鶴鳴和其子而我好脩人隔斷千峯紫歸來檢書札文字兼雙美焚香朗讀之鐘磬洋盈耳樂府久淪亡希聲財見此珍重企前脩千古良可恃吁嗟百年間蜉蝣朝暮死木葉脫秋

風寒潮落春涘至人長生訣憑誰一南指大道本不遐浮生自腹瘩三歎復三歎棠華空彼爾願結同心人江邊看逝水高歌古相思賡歌爲君起

珠江別意送趙瀫陽太史東歸

鉅公行嶺表身帶日邊雲謂借巖廊澤海隅被南薰胡然動歸念豈不懷　明君滄洲多芷蘭可以寄殷勤馨香容易結何事苦離羣皎皎白駒詠清聲試一聞　右一

仁孝於天親從命無攸抗南北或東西一一隨所向又如金在爐鎔鑄任哲匠造物本無心至人每超曠閬苑與孤村風光都淡蕩樵西有流泉羅浮多疊嶂采芳更采芳春

花正可傍　右二

周公謂魯公不過三十字然而洛邑鼎遂延八百祀魯邦世先猷慶譽亦靡墜千古相臣規此爲第一義自餘區區者何足復深計寄語遐征人夙興時細味　右三

姬公負扆時流言固多有東山久不歸跋前且疐後乃其吐握心靡替彌永久滄溟每納污巨澤恒藏垢所以福履綏慶流如川阜寄語遐征人此義亦當剖　右四

蒼旻借木鐸來醒南州夢天關時命駕奥旨闢穼洞淸世見游麟高岡覩儀鳳胡爲動歸念棄予增忉痛楊柳鬱春江黃鶯正初哢悠哉復悠哉别意琴三弄　右五

山斗遺思

檝舟渡珠海秋風起微波有美東方來雙鬟稍以皤手携一函書書中錦字多焚香再拜讀太山聳嵳峩精光麗南斗千古應不磨

奕奕古愚翁巍科冠閭中膴仕主春闈藻鑑知鉅公借惠我海邦卓然斯文宗珍重在人倫依稀回淳風奇識兼異政口碑今尚豐

江門倡絶學其宗在自然六經無聲臭應感起萬緣一了一切妙卓哉豈其禪矯矯古愚翁參同有真詮詩章與翰墨九鼎存一臠

韓文經五代殘編掛僘筐誰爲表出之繩武者歐陽古愚
風韻遠愈遠流愈光然亦幾埋没曾孫是遑遑搜羅漏舊
家間關嶺海陽遺詩稍存錄懿行亦將相名公爲表序星
斗復輝煌乃知有實者終久不可忘又知追來孝百世翊
綱常振振趙公子起予言念長

一杯亭春望

上上一杯亭春風何浩浩今朝柳葉新昨日梅花縞匆匆
歲月徂人生容易老游子惜春輝王孫怨芳草芳草年年
綠紅顏不再好一杯復一杯聊以寬懷抱
上上一杯亭春愁渺無際公子有芳園故侯羅甲第徽風

盪綠楊瑞藹飄紅桂千紅與萬綠溕溕頹波逝惜春春不留憑檻歌凌厲一杯復一杯月華如可憇

上上一杯亭春山無數青春山啼野鳥春水漲前汀山水長如此遊人幾度經浮橋步良月伊時故髫齡回首三十年忽忽如夢醒一杯復一杯高歌還自聽

上上一杯亭心事翻增惡望春春可憐懷人人渺漠涉水採江花緘書無鴈托相思忽以老豈謂恩情薄蘭芷把蕭湘欲言故羞作一杯復一杯綠江深繞郭

又用前韻四首

一上一杯亭一回歌浩浩崇桃落晩英鬱柳飄新縞紛紛

物候更冉冉春光老涓涓檻外流青青亭邊草傷春重傷
春忽有音書好元公信宿歸　彤墀關赤抱
再上一杯亭追陪幸遭際雨雨俯清瀾指點王侯第上是
鶖湖湖下是桂洲桂赫赫當年威落落今安逝富貴本無
常祟階翙爲厲所以南山翁白雲早歸憇
三上一杯亭豐碑苔蘚青伊昔宋丞相造舟絶前汀中原
嗟陸沉弦何足營經宗臣耿耿心聊此托衰齡舉世皆大
醉何人眼獨醒我來發三歎商歌不可聽
四上一杯亭東風何作惡煙雨作蕭蕭迷天冥冥冥春愁
浩難消深心誰爲托豸服自多榮厚祿良不薄素食虔清

時役役負堪作歸去去歸來故山留負郭

舟行步前韻

豕服久行春春心漫浩浩畫角引風淸蒲帆依露縞春晝日以長春華日以老望望葛陽溪兩岸盈芳草舟行迅碧流棹歌聲自好棹歌復棹歌靑蓑寒在抱

扁舟達夜行明月出天際一見紫雲城再見龍津第遙水落風花微香吹月桂風月湧金波漾漾激湍逝激湍自快心磷石多爲厲寄語操舟人灘高應少憩

行春出鄜子湖光帶草靑忽逢素心人寄書到芳汀展晝試一讀田來是化經紛紛仙佛輩駐世亦百齡別有長生

訣誰當爲喚醒顥顥遠遊篇眞詮宜細聽
望望湖上春山水自不惡山色足烟花水光通冥冥中有
柴桑翁高踪隨所托遐心物外棲浮雲天際薄企仰空多
年顏厚增慚作往者來可追歸哉城北郭

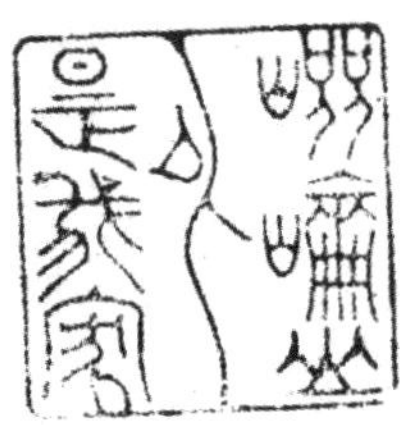

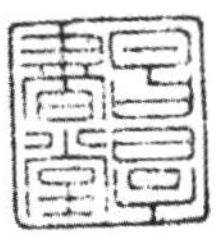

# 霍勉齋集卷之五

南海霍與瑕著

十三世孫有光 重梓
世光

十二世孫進芳校字

## 七言古詩

### 望白雲山有作 白雲書院自元而釋自釋而儒事在甘泉先生碑記中

躋攀復躋攀遥望白雲山樹色添新綠花光帶舊寒崔嵬俯瞰城頭近畫圖一幅玲瓏甚輕煙薄靄染諸峯雲容霧態看無盡憶昔開山安期翁誅茅結屋翠微中藥爐九轉真丹就金闕千年姓字封僊蹤一去三山外芳流空有靈

泉在蒼藤古木幾經秋梵宇禪宮相晻靄禪宮梵宇復荒涼野草閑花祗自香滿澗芝蘭無去採深山麋鹿有來場地補東南缺天開鄒魯文日月大明常普照山河完氣幾時分光華晻映嵓崖石精釆流輝成五色坐嘯天風處處春行歌雲水灣灣碧天風雲水幾徜徉貝錦南箕爭哆張止棘青蠅隨氣候高岡苞鳳集朝陽只今風雨年年好桃李經春花發早古壑依依長綠苔王孫冉冉遊芳草人去人來春復春一回一望一傷神且將心上無窮事付與山中一片雲

雨中見桃花

祥雲來自蓬萊山吹落長空分五色東方日出映成霞爛熳一天流八極忽忽春陰瀰海宇中間黑者爲濛雨青黄赤白盡隨風飛入千山作紅紫紅千紫萬鬬嫣妍前溪后溪春可憐東皇更欲將春去紛紛零落碧灣邊碧灣一路香風遠桃花流水春光軟傷春年少貴游郎浥露衝雲歌婉轉歌聲霧裏隔溪聞盡道紅黄半已勻不惜花間沾濕好祇恐花飛減却春從來賞春須及早上林似錦春將老寄語春風陌上人尋花問柳從吾好

岑年伯見和步韻稱謝併謝周莓厓都堂

正月連陰三十朝且喜今朝見日色忽然仙老送歌來照

紅雨杏樹日讀之光無極既似明霞流玉宇又如碧澗飄紅雨杏樹枝枝漱露丹桃花朶朶籠煙紫籠煙漱露競新姸一度一看一可憐學海翻波襄太華詞源滚浪拍天邊陽春古調徽音遠余欲和之風力軟驚看三峽鬬狂瀾自笑江沱空婉轉東園花氣隔簾聞迢遞柔風細雨匀自是春光春思好況逢詩句十分春獨憐碧眼看花早昨日花開今已老得高歌處且高歌有旨酒無吾頗好

遊白雲

不寒不煖早春天半陰半晴天際色尋芳路轉上唐村幾樹桃花開太極萬青一色羅天宇三三流水漆新雨短節

衙碎舊時雲長裾香染煙霞紫煙霞洞裏足芳妍細草幽花都可憐望望望春春不盡行行行樂樂無邊樓臺俯瞰東溟遠夾澗迴廊芳草軟芳草王孫非舊遊高歌慷慨聲悽轉高歌不與世間聞雅調幽篁祗自匀曲中顏巷無窮壽操裏青霞何限春人生尋春苦不早花落山中春已老待將一脚踏斷第一山前路長與白雲敦夙好

洗兵馬行社題時甲子春單門移鎮惠州大掃山海之寇

昨夜西天墮蒼狼咆哮躑躅逞兇狂跳入荒山化野火燒空爍石連邱岡山間鬼儡摟羣醜依草附木肆搶攘炙人之肝骨白朽遠村近村驚狼當夫妻子母不相望號咷大

呌徹穹蒼玉皇聞之靐且傷赫然震怒開天堂爰召雷師
授以斯風夷雨伯遁趨蹌靈承威命出明閶飛廉前驅武
維揚婼尤侈張龍虎翔三三羽林肅先行重重壘壁閑跳
梁元戎十乘馳螳螂霹靂一聲妖遁藏蒐山獮藪取其強
剔筋斷臂聲喤喤刳肝截膂血淋浪萬姓歡欣除害殃爭
持壺漿獻元黃各言今夜始安牀室家完聚煖衣裳來年
布種有倉廂元公之功紀旂常惠風蕭蕭龍馬驤雲旆遥
遥歸帝鄉奏凱獻馘帝悅康一連十日宴高張椒漿佳酒
羞肴芳左右更進奉霞觴鳴金戞玉韻鏗鏘清歌妙曲舞
霓裳鈞天之樂樂未央帝命更錫年豐穰時風時雨復時

暘黄童白叟歌康莊四海妖氛不再颺郊藪來游有鳳凰

柳川

柳川十月初五日午刻湛仲樵在坐

君不見霸陵道歸鴻帶煖春初到鶯黄十里鬬輕盈鴨綠千絲成覆冐君不見長安東李花已白桃花紅一川翠線牽風軟千樹黄鸝喚日融有人此地生離别臨流寄遠多攀折一枝枝是憶東風東風掛恨何時歇脩脩古粤一高人歌風嘯月四時春五株閑種碧灣渚半點不侵紫陌塵春來鳥語夏蟬嘌一榻青陰閑寄傲時對芳樽發浩歌屢舞衣裳任顛倒我爲君歌柳川清溪一曲韻洽然午風淡蕩曬初足此意悠悠誰與傳

錦屋　閏十月十日巳刻爲郭隱君題

君不見靑陽候東皇推轉繁華載山頭萬紫間千紅天機
織得春如繡既似當年漢陸郎單車入粵詔蠻王功成許
布千山錦遍植瓊枝萬古香又如蜀使機宜審盡掘山茶
種桑甚桃花浪煖百溪紅至今人羨三江錦三月二月春
風深三三兩兩訂幽尋九龍洞裏飄丹玉七星岩畔散紅
琛紅琛丹玉紛相對蒼屋古壁生嬌態輕盈綵女額爲纏
珍重才郎身作佩徽拖旭日最堪誇薄染晴嵐尤可愛是
誰占此武陵春桃花源裏一高人無論漢晉襟懷古幾家
雞犬自天眞春風綺樹爭璀璨問椰尋花時拉伴南山白

石起清謳后洞西橋恣游泮近來詩句頗新妍爲君高唱
錦屋篇筆落不知成五色長空萬里生雲煙

后洞　閏十月十日未刻爲郭隱君題

南一山北一山南北周遭十里間亂石巖巖分紫闥長松
落落照澄灣東一水西一水東西洄薄無涯涘細流清淺
大流長高樹藥青低散紫此間眞有最幽潯誰向溪頭問
源委我愛仙村有道翁從來生長百山中山水不知幾行
樂淵源應自有高踪青春結伴山前路傍柳隨花江口渡
自言身世本天台飄飄誰共雲間步洞口尋春未是春與
君更進更清眞一灣一曲一嶼景千壑千邱千樣新行行

直到源窮處三十六天同一署萬花黃白總悠悠一色滄浪無限趣由來烏利紫姑諸老仙都離雞犬斷人煙深山久靜抱貞一體任虛無合自然后洞后洞是諸天人間別有一山川我欲從君種玉田

西橋　閏十月十一日申刻

秋日涼葛衣裳招羣命侶踏歌行一路榕陰過野塘雙雙白鷺水中央美人遙隔蒹葭蒼欲往從之江水長望望西川宛有梁惠風吹煖未成霜砥柱鎮濤狂清流滂不妨既覯君子樂無央芙蓉被服艮芝蘭笑語香同心合意美具張攜手登歌綠野堂炙脯烹鮮浥酒漿鳴琴鼓瑟雜羽商

長篴短簫聲皇皇踏歌歌有節好樂樂無荒南山一曲邦家光邦家光壽無疆回首西江歸有梁

送三水陶尹陟留都治中別駕用韻

九天日影照三城一樣光風幾樣青鷓周自舊花間翼滄海橫奔九萬鯨鯨鱗欲化三山圯翻波擊浪三千起長嘯一聲六合風戢翎聊喙三江芑三江千里蓼蘋湄春去秋來惡浪稀彭澤舊吾高士譽廣州重建運磚祠離離新佩南京組巡陌不妨騎赤騖父老爭迎卓茂來竹馬懽見新明府西南欲比漢光時一年借寇撫瘡痍五袴不知何日再兩岐聊篆此間碑攀轅不住空遐祝黃童白叟堤邊簇

離愁萬頃波浪高别思千重花正郁波浪之高高比山春花明媚半山間花紅浪白風光好不換離人苦恨顔我高歌君滿引酒不傾瓶夜未闌潮生月上孤舟發祇恐明朝相見難東風擊楫江陵道吳汀楚岸多芳草釆芳紉佩及良時日麗天和春正早

齊壽篇

山中之椿何蒼蒼托根千仞倚朝陽老榦撑霄綠葉長春來繁華飄天香扶桑日出映祥光映祥光猗椿之壽壽無疆誰其似之德公麗

山中之桃何蔽芾樛枝蔓葉羅深翠春雨瀼瀼秋露墜天

澤賁敷彌嫵媚開花結子三千歲三千歲猗桃之壽壽未艾誰其似之龎公配

前山吟 丁卯五月二十五日申刻

前山之高何高哉東有羅浮西有白龍之崔嵬而前山處其中央峭然獨出不但與之頡頏而徘徊前山之高幾歲月自盤古開闢以來巧匠鑄鐵以爲骨撑柱東南穹矶碑兎烏自升還自没千秋萬歲無騰歇平接蓬萊低巨闕俯看一勺之滄浪塵凡駭視謂之東濵渤前山之高高無垠清泉白石四時春奇雲六月峰頭起霹靂一聲時雨匀不崇朝而遍天下溥施品物咸欣欣前山之高多梧竹九苞

瑞鳥長棲宿時向天邊振彩翎五色文章驚人目羽儀廊廟爲盛世禎律呂宣玏小大和鳴簫韶九成天下太平斯其爲前山之耀靈也耶

萱草忘憂

我思之人水一方愛而不見心自傷白露未下蒹葭蒼秋風漸起歇羣芳潦盡天淸桂子香耿耿河漢夜成章牽牛織女空七襄隔斷恩情永相望鳩鵲何時成橋梁我思之人在西方天寒不可渡瀟湘且把萱花種短墻時酌金罍倆兕觥終吾之生以徜徉

梛之山 辛未二月自梛如桂林壬申二月白梛[illegible]桂三月又自桂迦梛歸左江

郴之山桂之水瀟湘遥下幾千里年年二月此來遊二月年年紅間紫紅千般紫千般人自匆匆花自開花片有時隨水下水光無盡映花斑五日行三百里孤舟夜夜空江裡戍鼓傳更應遠山畫角吹星落寒水水何深山何高缺月一灣近釣舠嫦娥似向滄江畔細聽騷人讀楚騷春漸深行永久一回蚣望一搔首百年心緒苦偏長曉鏡容華先老醜朝策馬暮乘舟雲满衣裳雪满頭萋迷芳草王孫遠弔湘何處托湘流歸去來來歸去樵西留有仙人屢烟霞古洞翠蘿圍風月一堂丹桂樹參同契讀千遍神明或告以靈修風燈泡影人間世好傍赤松天外遊

桂之山 壬申六月念日又自桂灘攬灘歸左江

桂之山欖之水從朝薄暮行幾里斜風細雨度千溪洗出千溪一帶紫烟雨裡恨千般堪嘆漁磯鷗鷺閑三春紅紫今何在千年珍竹故成斑望蒼梧七百里九疑玉殿空山裡五絃一自變瀟湘至今琴怨湘江水湘江靜月輪高蕭蕭秋氣上漁舠自唱竹枝新度曲不知清韻入風騷學南熏歌已久只今三復空低首有時心亂不成腔怪道傍人嗤拙醜金夫子暫維舟徽音時憶在心頭明珠照乘月華照素琴流水大江流大江流日夜去見說巢由曾竊屨欲往從之問解嘲野水茫茫半烱樹獨深念幾多過故人書

信不堪修相思灘上相思若何日追陪綠逕游

龍江野酌和秋宇胡內翰見示之作

幾日追趨文桂楒龍江江上避煩囂忽然惠我龍江曲露華風韻一何高寒梅嶺外飄丹蓝細柳營中奪錦袍雄似彩虹橫碧落壯如孤鶴唳清皐一聲鐵篴穹崖裂亂舞青萍山鬼號狂夫膽氣素不俗不覺承之歛且肅一鞠擊樹歌一曲三回倚檻連三復粵山環峙幾般青楚江逕下無窮綠肯信删餘别有詩人情物態各歡悲樵歌牧唱皆眞性光風皓月古如斯易象無邊山更山國風風盈耳鳥啼間亥子之中無妙處剝極陽回是大還年去年來只如此看

來造物亦勞耳爲而不宰廼神工太上無爲自兹始紛紛淺薄多忖料此事堪成一大笑孤舟兩夜傍清溪微聲幸領衆同調冬仲初驚塞鴈過月輪推出東山阿白雲吹盡碧空淨黄葉蕭蕭脫綠柯氣候清和秋始半物華佳麗風回波好景良時無限趣有酒不斟歲將暮隔船呼取青蔬素莫遣醒客怯衣露疎星遠落寒山戍看看銀河斜欲度畫角聲中轉五更天明又是梧州路

附録秋宇内翰見示之作　建業胡汝嘉

船窓兀坐隨蘭橈日近城市多喧囂今晨移棹向江驛四山寂歷寒雲高褰簾寓目似有得西風忽欲淩綈袍

聯舟霍老發高興扣舷呼我行江皋斫魚命酒開野酌天空木落孤鴻號是時仲冬始凄肅落日欲下西山曲林巒慘澹生暝煙萬頃清江湛深綠坐中偶吟謝朓詩大江日夜客心悲臨流不覺一增感茫茫今古皆如斯人言千古此江山人生旅寓於其間我道江山只如此人去人來俱偶耳常此江山常此人便與天地相終始霍夫子掀髯笑此語於吾頗同調君不見虞帝當年此地遢翠華寂漠愁山阿英皇灑淚杳莫及班班飛上琅玕柯重華事業已陳迹何况碌碌隨奔波鷓鴣啼日云暮月出東林若鋪素金樽邀月月滿尊如此良宵忍虛

度浮生隹會自不常明日還知首何路

陳紉崑西遊走筆送之

沙村水岸竹青青送客寒天過短亭春酒一壺憐歲晚雲帆千里趂宵星左江臘月多煙草鬱水長洲女兒好逢郎豚豚寄相思水調山歌悲遠道鷓鴣聲裏喚哥哥郎自西行可奈何懷珍直上思明去知爾文章會合多思明主人舊相識爲說滄洲頗瞻憶只今蝦菜傍樵雲欲寄灣書少鴻翼行行山水路間關風高莫上烏蠻灘見說人心更滋甚笑刀腹劍等閑看櫃中美玉隨時價應毋爲是棲棲者燕語鶯啼桃李花自可歸來趂春社

春日觀稼 太守周公祖有作

春雲淡蕩春山曉春風荏苒啼春鳥懷春幾處答歌聲揷秧兒女年何少行行岡尾又岡頭三三兩兩好風流二八娥眉偏巧笑一雙玉筯湛滄洲滄洲近午江潮長乘潮小艇鳴蘭槳姊妹來供餉午茶嬉徹坐轉榕陰上共說今年定有年蠡特不生高下田幾日青苗彌一望三春時雨更嫣綿歸去來築場圃紅梅熟盡荔枝丹早稻黄應如堵兩岐六穗且紛紛知是官八篤周祜

括滕王閣序用韻送夏見吾公祖年丈齋捧北上

十旬勝會友如雲千里逢迎得舊羣岡巒島嶼坐中分襜

帷暫駐樂同醺驂騑上路見吾君淸霜紫電王將軍騰蛟
起鳳爛人文贈言臨別更慇懃漁舟唱晚忽分手有懷投
筆龍蛇走逸興遄飛花傍椰一言均賦射斗牛聳翠流丹
光照缶爽籟纖歌橫浦口響窮彭蠡一尊酒明晨捧袂阿
誰邊煙光潦水共長天仙人舊館朱華前衡陽鴈斷對愁
眠奉承宣室正當年青雲壯志白雲篇請纓天柱早加鞭
宇宙無窮十大千

贈效泉之官澄邁　丙戌九月二十五日

少年高折蟾宮桂馨香散滿仙城第今年挾策謁
明君形庭拜職榮遭際儒官原是最淸階授業傳經稱素

懷不妨水遠山長去凉秋九月渡瓊崖瓊崖自昔稱奇甸
鍾靈孕秀多文獻更有白玉諸老仙愛此明都每留戀羨
爾風流伯仲間翛翛行役幾關山高帆萬里馳一刻吞吐
滄溟只等閑滄溟東望多煙嶼想到蓬萊無幾許我有金
函尺素書憑寄白雲舊眞侶白雲丹水自悠悠朗吟騎鶴
忽千秋電光泡沫人間世何當更訂鐵橋游

和何次瀾歸樵

秋風淨洗千嵒皺對酒高歌和何少銀蟾墮地桂花飄鳴
蜩聲掛寒松杪美人忽傳流水調清音如在屋梁繞何時
挹手共松關爛醉東山洽露曉

曾四府考績　恩封

潤斧大刀歸茂叔洗宼澤物窮山谷從容嚴毅一府傾清比金聲和比玉敷陳　聖諭導齊民眞有文翁能化俗家家戶戶稱神君司理簡乎無再鞫士樂校文風水漁民自不宼雷電章化行江漢棠棃下敎在臺萊杞李傍三載考績報　天子屏風姓字先曾紀淸問何以治廣州莫道奇蹤偶然爾　璽書赫奕錫褒封子爲大夫父與同命服霞帔光燦爛椿萱堂上慶何濃黃門指日鳴丹鳳白簡蘂天侍五龍明時勳業昭彝鼎寵錫重申更誰並嶫嶸函夏握天樞倘憶仙城同酩酊我自西山新學老摶眠不覩光風

霽月今三年昨夜東濱魍母雷霆圖贈君詞　帝龍成五
彩篇

衡門逸叟歌　爲黎逸叟

夏霤之水上遡端州下接三山巨浸洪流有美幽人宅其
間修眞理性駐紅顏朝朝暮暮桃花渚歲歲年年荔子灣
衡門斜對淸溪綠半畝山園圍翠竹春來語鳥夏鳴蟬秋
老黃花冬梅馥四時好景春復春悠悠行樂武陵人村歌
時和兩三曲市酒頻傾十數巡忽以行年八十一回首靑
春曾幾日隙駒轉瞬人間世保和抱靜吾且逸杏壇作德
夫何求每憐夫子亦悲秋執輿頻問長沮輩下車欲共楚

狂誅晨門荷蓧惓惓意衛磬一聲千古愁縱然功業等堯
舜亦是太山雲上浮莫已知焉斯已矣何須用我爲東周
同時更有野哉由乘桴喜從東海游大魚腹中雖可楚何
如沂水且休休逸叟從來知此意衡門嘯傲無他技大鵬
九萬自扶摇鷦鷯一枝亦堪寄春風秋月無盡藏吟弄不
知老將至誰哉高唱逸民歌勉齋之子舞婆娑清尊無酒
沽與我共拉箕仙醉桂坡

桂之圃歌

桂之圃多仙翁行年八十今桂峯翛翛鶴髮何豐容一局
爛柯雲水東復有　意泉公七十逍遥顔且童八月秋清

天微風萬里無雲銀漢淺仙郎槎泛月華中折取一枝香滿手春來持獻大明宮宮花仍揷鬢碧桃紅杏露華濃承恩遠宰桂林邑仙才吏治兩稱雄

意翁壽誕白雲下班斕之舞路無從山高水遠托歸鴻錦袍千里寄山龍羽客稱觴琥珀紅簫笙繚繞徹長空桂坡老勉齋公兩兩各扶笻來入桂花叢商歌一曲落梧桐看看桂子秋香發與君遊遍廣寒宮閶闔千門萬里通桂之圃多仙翁千秋百歲南斗下樂無窮

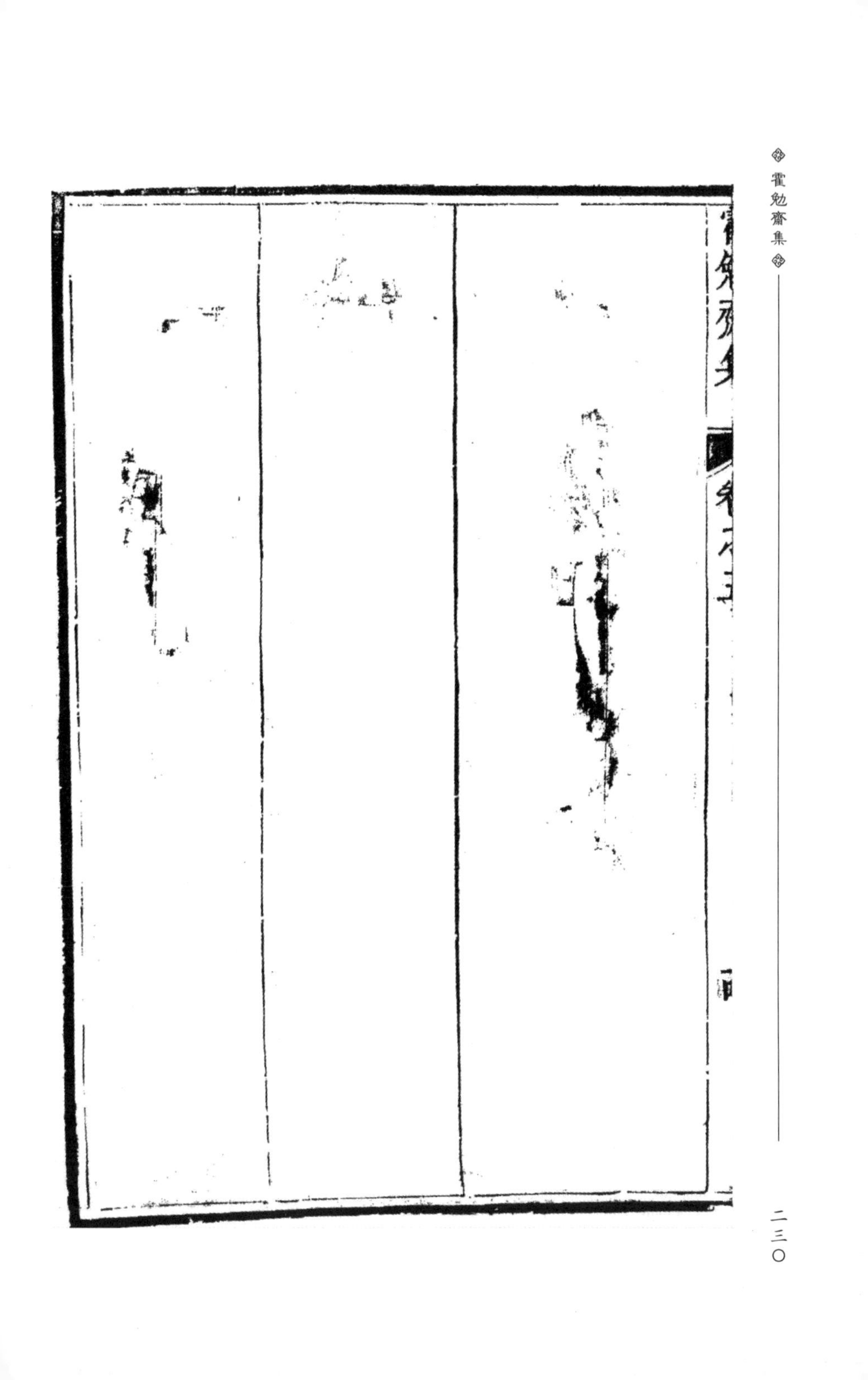

# 霍勉齋集卷之六

南海霍與瑕著

十三世孫有光世光重梓

十二世孫進芳校字

## 詩

### 五言絶句

#### 題畫 逋仙踏雪

寒梅放舊枝，積雪散漣漪。蹇驢公且下，坭滑不堪騎。

#### 赤壁 東坡

明月出東山，徘徊斗牛間。洞簫吹未已，孤棹又前灣。

#### 海珠

望望葢珠宫銀河似有路汪汪千頃波孤帆不可渡

送文瀾開館清江用芝山舍弟韻席上

高歌誰和予清曲予賡汝十載舊知音幽蘭芬妙語
夏夜飛螢火空山亂趂人收拾書囊裏三更供苦辛
冉冉上春臺匆匆歸晝錦憐君尚下帷書床横角枕
贈爾山龍錦去謁廣寒君騁騁天河步依依侍五雲
惠姿藹春風雅度懸秋月月白更風清萬里開銀闕
歡會長時好别離難爲情吹簫明月下流羽自凄聲
清江佳麗地桃花映水肥種桃時雨足早得振臯歸
三友梅松竹水石漱寒漪歲晏盟如在春風謂不遲

送遠翛清調山高水更流子期欣共席黃醴滿金甌
送客開春燕懷人倚暮扉英州新酒熟爲寄一千巵

早春卽事和韻

嶺外四時煖殘冬花欲然忽覩非常瑞雪應到今年
昨夜雪霏霏今朝風乍微桃花間菜花春色競芳菲
黃花遍綠圃蝴蝶出芳晨春心浩如海春愁亂如塵
春愁怯春風春衣仍重絮有美忽相過强拉看紅雨
美人隔河洲相望不咫尺無路復無媒何當通素赤
昨日佳客來顚倒穿衣烏烏紗不裹頭方巾待賓席
皇都隔嶺表一萬六千里何時更徃來着此王喬履

昨日看梅花紛紛飄玉屑今朝看梅子已向枝頭結

和韻賀海嶼公六旬初度

結交重名義多君意慷然洛社追歡地而今已十年
永命自君祈㝠悟欲通微傍花隨柳處零雨渇霏霏
嘉客與賢主好景及良晨新月正當席微風不動塵
蟠桃已卸花木綿欲飄絮東皇更鬧春細洒交梨雨
交梨大如斗火棗圓盈尺繽紛薦壽筵共映蟠桃赤
嬌嬌綠衣郎烏紗掩赤舄青鬓始微霜占此元宵席
三城去三山滄波三萬里仙子時來游印下西山履
仙子來仙山授君碧玉屑更約三千年去看桃花結

春日陪侯侍御游洪巖用盧大参韻十絶

春帆掛惠風春江浩東注旌麾江上來特爲尋春駐

尋春入元洞水簾珠錯落下蟠九仞松上宿千年鶴

闌干護石泉碧蘚生紋理狂飈送晚雷應有潛蛟起

山巔構孤亭作者今何去荒蹊自牧童樵歌雲深處

偉度比春陂汪汪浸寒水有時穆清風微言揚妙理

愷悌見儀刑從容侍杯酒明月照孤桐和風吹細柳

太初有巧匠構此無梁寺不知好脩人幾時成佛事

繡衣且莫行更進山中酒點瑟倚清歌春風盈洞口

夕陽欲下山月出山更好願侍太清人乘月恣幽討

炎風播酷暑羨有龍鱗扇五月傍華清灑酒寒氷片

舟行用盧方伯莘老韻　十絶

晴雲度碧空宿雨江如注急灘過盡船好景那能駐
粤江深見底潦盡潮痕落春煖躍溪魚磯邊藥老鶴
江清疑富春釣絲誰料理蕭蕭白髮翁日高眠未起
昨日喜春來今朝惜春去孤舟泛漣漪春風仍處處
棹歌兩三聲清商激寒水一似素心人氷絃月中理
徘徊侍高軒雲間足觴酒微酡下清溪斜日篩楊栁
洞古泉更清天然石佛寺廟結無情人共了無生事
旖旎浥芝蘭春風頻命酒詩句落雲山篇篇炙人口

放舟順水行心情已自好何當久要人林壑共探討

絛風故淸淑未用蒲葵扇擊楫歌滄浪落花隨片片

鶖湖道中

官驛停烏節山橋過馬蹄可堪離別思煙樹望中迷

紫雲

夜鼓山城棹娥眉月影淸棹歌聽不盡山鬼亦關情

龍津

幾度龍津道芳濤有列仙釣筒浮綠水漁網掛晴川

鄔子

鳴蜩暗遞秋碧色盈高樹西風且莫吹吾欲湖西去

瑞洪

鳴橈過瑞洪，微月下西烏。別有泛湖歌，歌聲良自好。

趙家閨

衰年鄔子渡，少日趙家園。風物尋常是，波濤膽量非。

湖畔

輕弓射晁鴈，風日正新秋。寄遠無船渡，清江空自悠。

登岸

舍舟登彼岸，無言奈若何。覆翻雲雨手，平地更風波。

走筆奉和匡南見寄

閒過天孫宅，煙花幽賞多。雙塘芳接樹，曲澗遠通河。

野趣圍芳徑晴雲遞碧空歌楜花塢外人在竹舡中

芭蕉檠綠蓋珍竹散繁陰風引微凉入熙然物外心

此座何時設西山忽在前秋深仍可約爲賦見山篇

端午歸石頭海山索題畫丙寅

綠雲連地軟紅雨接天飛一尊誰共賞滿目盡吾詩杜甫遊春

荷葉裁爲裳芙蓉衆作糧追陪吟弄席一坐到羲皇茂叔觀蓮

秋風下太清搖落不堪情喜有東籬畔黃金亂吐英淵明採菊

積雪今晨霽呼童出破茅天心眞可見春色在梅梢靖節尋梅

商山四皓題畫丙寅五月五日

小坐松根石悠悠幾度春誰知安漢老原是避秦人

臨川諸老邀遊醉鄉別寄 丙子九月

無懷三兩人，褁糧雜乾豆。連日醉鄉遊，不記歸時候。
少壯遊醉鄉，別離三十載。舊路渺漫漫，賴有指南在。
昨日遊醉鄉，今朝涉汝水。回首峴山城，蕭蕭烏桕樹。
烏桕飄紅葉，紛紛下碧溪。別離無限恨，詩成不忍題。

送葉藴西歸龍山 甲申九月

雞鳴聽書聲，知爾學勤苦。文字多清奇，囊中有簪組。
鈌月出三更，時起坐清嘯。光霽滿人間，誰領吟風調。
悠悠江上水，青青窓畔草。尋樂及華春，吾今已衰老。
秋風到嶺海，紅葉滿西溪。別爾兼愁病，無詩可寄題。

# 霍勉齋集卷之七

南海霍與瑕著

十三世孫 有光 重梓

世光

十二世孫進芳校字

詩 六言絶

春日春風滿屋春溪春草繁緑青閨春恨綿綿時人在穿山

右江吟 辛未二月自右江取道古田入桂林赴任

獨宿

右宿穿山

春落桃花萬片宵懸桂月千山獨酌偶成孤嘯不知身在雲間

右過雷塘

二月平分晝夜三春忙度光陰不知花落多少但見千溪綠深　右過東泉

草屋竹床聽雨山城晝角傳更行踪自笑無定何日東風夢醒　右宿洛容洛容只一座石城猺人草屋數十間是夜大雨予卧竹床從人以茅薦地皆立至曉

路上行人吹角一聲聲落峝中谷神千古長在幾曾見壞虛空　右出洛容

學士金章開府將軍鐵甲連山銜雨銜風卒歲五溪才得平安　右古田道中

細雨敲蓬入夜驚雷度峽携雲一洗妖氛千里喜看窮谷生春　右横塘舟中

紅花白花照水高樹低樹排雲征客不知路遠追陪萬壑齊春　右永福舟中

明月影中拂劍亂峰雲外傳簫得勝人閑馬壯鳴鐃又過蘇橋　右蘇橋道中

長年涉水登山幾度淒風寒雨卿雲艮月今宵又泊横塘清渚　右重泊横塘

醒夢長安試馬癡情古越聞雞五更風緊霜淨行遍千谿萬谿　右理定道中

一雨三江洗甲千山二月行雷作解天心如見殘村遺老歸來　右欖灘舟中

府江吟　辛未七月自府江入桂林

三千水驛堯封百二山河禹甸誰云帝子仙游萬古重華如見　右望蒼梧

幾陣淸風送暑一輪明月涵秋吹篷鬬山何處龍江人在孤舟　右過龍江

紫簫聲咽夜江白練影斜秋漢淸吟心緒悠悠一月獨行無伴　右泊昭潭

萬里緘書隔歲百年綣鬓微霜滚滚綠江東去懷人淸恨偏長　右至平樂翟尹以京書至則去臘之寄也

綠樹丹花峻壁淡雲疏雨穹崖大幅天然圖畫更着扁舟

勉齋　右陽朔曉行

十年見獵狂心半夜聞雞起舞葫蘆纏縛何時慧劍封摩獨苦　右南平舟中

孤燈夜照西崑畫舫秋風凉雨詩成弄石灘頭吏報寒更三鼓　右弄石灘夜宿

和風和日秋天碧水碧山洞府桃源定在前頭試問西灣漁父　右望桂林

登觀瀾閣　乙亥冬

淡蕩雲容出岫參差樹影臨江黃犢晚歸呼子白鷗晴浴成雙

水色溶溶薄霧山光淡淡明沙試倩漁郎尋去隔江疑有仙家

徑來羊仲求仲菊有黄花白花昨日南山書到折腰郎向誰家

太極圖書易簡濂溪風月尋常如何人去千載高踪誰嗣遺芳

重登觀瀾閣

禹貢舊時彭蠡岷峨盡處匡廬風物萬年長是只今陽烏攸居

落落雲崖古木鏘鏘鐵澗寒流多少孤桐浮磬重華原未

曾收

呂亭驛走筆

此地曾遊呂仙至今名驛千年或者他時好事更將對霍名軒對霍乃清濟間有此亭

暖日和風天氣青山綠水人家對岸草眠黃犢古亭槐集烏鴉

疎星錯落瑶天皓月徘徊銀漢淒斷何處清歌單衣飯牛夜半

走筆謝齊太衢戴渾菴

幾度逢人問信三年無鴈傳書何因清晝陪侍臨水登山

步虛
方外淸談疊疊花邊樂事溶溶如何路岐一別回首雲山
幾重

秋江送遠 送陳石澗東歸

江上風波薄暮天邊雲兩深秋送君此日歸去楚水閩山
共悠
水鬼含沙射影山魈嘯雨吹燈無奈高眞入定支離伎倆
何曾
三代同行直道五溪原自淳風何啻攀轅墮淚紛紛圖像
鵝工

露冕三年廣甸搴帷二載潯州兩地去思洵美巍然祠宇

江頭

踈燈白酒清灣細語爲君解頤世界原非圓滿試看殘月

關山

江門曾有眞言於福不可求全飲水飯疏孔樂耕田鑿井

堯天

爝火精神有限流星歲月無多寄語達眞高士來歸安樂

仙窩

自是丹山彩鳳偶然白壁蒼蠅且將韞櫝而待會見卷阿

載鳴

逺見天邊歸鴈忍聞秋半啼鶯悲歌送遠何極採遍芳洲杜蘅

淸尊簀主扁舟解携珠海傷秋不知何處吹篴咽斷寒江夜流

# 霍勉齋集卷之七

南海霍與瑕著

十三世孫有光 世光 重梓

十二世孫進芳校字

## 詩

### 七言絶句

長相思黄天蕩讀江湖紀聞偶感

樓闌寫恨吟飛燕，歌管傳情投木瓜。苦病三春愁不盡，誰將懷抱寄重華。

題直山庄

九曲溪邊一泛槎，偶隨雲路過僊家。沉風暖日山堂靜，東

籬點點落梅花

侍泉翁尊師游羅浮步韻

仰止羅浮積歲年今來得拜洞中仙一雙木屐踏歌遍始覺諸天總一天

出都門口占別家兄

偷得南樓半月閑營車驛馬又間關欲知后夜相思處銀漢星河月一彎

泊淮

月白沙明春滿天抱將明月伴春眠從來馬上艱難曲不入江南浪子船

慕溪黎子別號也父曰一溪故曰慕溪云

千樹桃花蘸武溪東風芳草綠萋萋重來蹤跡無尋處腸斷漁郎思欲迷

碧溪洞裏水瀠洄紅樹枝邊花亂開出洞再來迷舊路滿山惟有綠封苔

樓居書懷

大隱金門獨上樓東風翹首薊陽州美人學製機中錦盡日不成秪自愁

遊羅浮和寶潭十絶

亂峯四百遠開屏重躡丹崕短展輕無限風光誰管領白

雲紅樹接滄濵
十年江畔老容顔吟弄雲山水石間此日羅浮尋舊約同
袍欣共浥清灡
流水高山空自音子期傷碎伯牙心天華回首西樵外隔
斷寒江萬頃深
羅浮山下似鴻濛身在半晴半雨中笑向梅花村口過一
聲清唱太豪雄
藍輿衝雨陟間關百里莎茵送往還寄語王孫莫歸去春
風今始到青山
四賢祠下盍如飛迨遇東風雨色微斗酒隻雞山叟共亦

邀元老顧柴扉

梅花開盡又桃花誰向桃源更問家此是桃源最佳處春
深雲水足生涯

讀書臺畔碧桃花春歸塢落半溪霞洗郎歸去知何在欲
問深山吠犬家

信脚青霞碧澗前不知身世在諸天嵓頭一宿饒淸夢睡
碎梅花實可憐

藤簑洗雨翠重重舞月披霞到太空身遠塵凡三萬里是
水晶國是蒼穹

迎春示馮秀才 辛酉

春日迎春春事殷春詩裁付小馮君春花春柳春如許不着春鞭將送春

秋堂獨坐　乙丑秋

小坐山堂月上遲木犀香斷菊離披寒蟬抱露聲如咽人不悲秋秋自悲

別館都春　丙寅三月七日

天孫別院錦成雲占斷明都萬有春一樣東風花幾種不堪啼鳥更撩人

春園日暖鶯聲好春殿月明花影低楚客傷春渾未賦東風氷得送春歸

花枝照水燊紅艷荷蕖淩波送遠香春去幾時春自在晚
風聊此納新凉

蟋蟀池塘風陣陣鳳凰簫管夜沉沉城西未落三更月春
恨誰緘萬里心

亭臺霽雪月如銀誰道陽和布未勻好趁梅花裝綠勝長
官明日此迎春

四明仙子好留題勾押春風入院齊我亦舊時梁苑容心
隨春事到江西

清溪夜泊

清溪山驛夜維舟沙白江寒帶月流知到故園餘照在有

無人上盍簪樓

濛瀼丁卯八月二十夜

二更山月照江清，十五以來夜夜明。遥想鴈行俱得意，靜虛堂上答歌行。

曲江

日日蒹葭緣滿船，不堪秋色浩無邊。江深路遠思鄉苦，更見三更月上天。

曲江謁先師甘泉精舍

翩翩黃蝶不知秋，還伴征人嶺外遊。最是横經舊時地，寂寥荒草滿山愁。

晚泊

青草黄茅盡日閒畫船吹角度秋山晚江又逐漁翁伴九里十三拋口灣

苦旱

禾黍高低盡欲焚誰將清恨訴蒼旻扁舟十日韶江道如許山川不作雲

聞鷓鴣

昔年春山聞鷓鴣今年秋山聞鷓鴣廊廟江湖行盡得不知舸格爲誰呼

步韻送古林何老先生北上

講學南昌又幾秋忽驚丹詔下青樓江門風月伊周業山
自巍巍水自悠
五彩龍文瑞氣橫少年天子御天行定知宴語從容后諭
遍閭閻困苦情
誰云京國路迢迢一道長虹駕玉橋正是風雲新際會好
將霖雨答清朝
先覺天民何處歸紛紛諫梛尚多違知公論政論人外別
有忘言杜德機
長風萬里起滄波畫舫行春喜氣多堪羨道人無一事浩
歌清夜對姮娥

登山臨水太從容踏盡寒梅歲律終管領春風歸帝里也曾披拂到蒿蓬

病來紗帽半封蛛回首交游歎耳餘風力羨公搏九萬翻雲爲掃過空虛

春深珠海鬱洲前莎㛹皃鷺對對眠茂育只今誰妙手新詩題寄思茫然

豁然樓燕集　朱侍郎園

綠野堂開綠水濱煙花三徑足淸眞蓬萊東去無多遠我欲從公一問津

鳳凰山色正蒼蒼背郭流光到小堂有客頻來開野讌主

人應不厭清狂

連日重登大隱堂浹旬陰雨見微陽花枝浥露烏啼慢人不傷春春自傷

爛熳芳園燕子忙爲愁春事已將相三旬積雪初晴霽亂把香埿上畫梁

翠微歌 翠微村在古鶴之東

千山過雨春寒薄梅花吹落秋楓閣半仙來往幾多時相思樹底鷓鴣兮

翠微村遠雲容薄肩輿渺渺孤山閣山翁打獵晚歸來野味縱橫傾大勺

挿秧兒女春衫薄遠望官人齊手閣芝山莫更往東行潮
水漲溪妨午勺
自嗤涉世才疎薄盤城有樣雄投閣未老蒙 恩歸去來
綠竹紅蕖引淸勺

賀高明尹 甲申五月望日

滿輪皓彩飛明鏡烏啼夜半千山靜城上傳更鼓角齊叩
關行旅候鳴雞
南海高明接近隣每聞行客說神君一堂風月人如玉四
野農桑簇新綠
新成鴈塔照黌宮千秋萬歲聳文峯帝城春晝花如綺多

是公門杞與李

山中吟　同祥岡先生吊樵

二月多煙三月風山花多是滿岡紅一囊收取春光盡付與奚奴寄大同

讀易燈殘咽草虫唱歌閒步月明中秋山靜夜無人過一犬時驚桂子風

# 霍勉齋集卷之八

南海霍與瑕著

十三世孫有光、世光重梓

十二世孫進芳校字

## 詩五言律

### 月夜登樵

凄風溢九霄，夜步陟西樵。水落江尋丈，山空月寂寥。秋氣兼寒暑，松聲散遠遥。美人隔煙渚，相思不可招。

陟陟衝雲路，行行度石橋。月光分樹影，嵐氣合山腰。獨步乾坤靜，浩歌海岳摇。水晶仙界近，應須到上霄。

園林經歲别懷抱入秋深乘潮頻鼓楫帶月一登臨久旱泉全涸微霞樹半陰逍遥雲路外寒風忽以侵

千峯明月遍隻影入山孤人遠廬猶在秋深草半枯登堂歌壁韻開閣檢圖書覩物懷無限淸霜寒切膚

下第自遣 時到臨淸

十載無知已三旬下第身春風堪墮淚楊栁總傷神歸去雲山好重來歲月新未須愁落魄只恐負經綸

五月五日奉鄭翁韻郎事 辛酉

滄海波揚急狼煙處處同事無一刻暇人在百憂中喜奉青門玉凉生綠野風悠然發孤笑雲物滿長空

催鄭西賞蓮兼謝祈晴見獎之作

綠野會陪宴淸尊誰復同園林花欲盡時序夏方中芰荷將出水竹葉好乘風莫待秋飇起荒池映遠空

祈麥晨祭罷殷憂獨繞庭亂雲增夏水連雨怨宵星燮理眞慚負迂疎幾醉醒民間多苦曲凄斷不堪聽諺云乾星照濕土

五月十五日奉鄭翁韻

白圭連三復借白圭比狂起舞中庭逸調琴流水豪光劍射星懷入南郭畔居士眼常醒欲寄採蓮曲知君聽不聽

侍諸老游城用韻

謬忝東陲寄乞言大老庭長城增氣象高閣聚文星笑語

皆模範風流半醉醒欲將幽谷調伐木歌也傳與世間聽

公暇陪歡宴朱樓桃洞庭兩三明月伴多是老人星朗朗

踏歌去微微酒半醒漫將千古瑟彈與子期聽

新春粤山懷溯塘麗尊師

破帽衝雲舊枯藤着脚牢雙清松伴鶴十載榻横臯煙雨

迯寒樹春風送晚濤扁舟人不至空使我心勞

鏡林汎舟

相府開新讌仙城集貴游盡闌凭綠水詩舫泛清秋荷葉

風香細芝蘭氣味柔酒酣餘慷慨擊楫發江謳

瑞雪

雪應炎風地寒深瘴海天同雲敷薄靄瑞靄滿垓埏草木
含芳潤山川歘紫煙五百昌期在無論大有年

初春十一粤秀山社會山中見月

新歲浹旬晴中宵月更明嵓崖流浩彩林薄鬱孤清誰奏
關山曲偏添恨別情丹心千萬里隨爾掛燕城
南國春先到東風日日來微雲收五夜初月傍三台倒影
移山徑流光泛石臺嫦娥應愛酒每每落深杯

武夷圖三首歌

昔聞武夷勝此見武夷圖九曲漁郎杳千峰鳥道孤放舟
灘妥貼映閣樹扶疎洞裏誰招隱吾今欲卜居

昔年紫陽子曾賦武夷篇玉女臨丹壑蓮花插九天桃源無别洞蓬島有眞仙久斷尋芳約臨風思惘然

昔年湛夫子曾訂武夷游高歌翻九叠逸響震千秋步步竭吾力巖巖縱遠眸只今憐歲晚依舊阻丹邱

湛甘泉師武夷九曲歌皆喻進道登高自卑希聖希賢之意每以勵瑕愧今三十年無成也

走筆和海山舍弟訂來樵之約　丙寅

是中堪避地何處更求仙綠水青山表殘春落照邊燕歸芳草候鶯語落花天四老知來否相思日似年

樵西古聖地雲嵒舊有仙紫姑丹井畔烏利碧雲邊遠意三山島芳踪七洞天不知騎鶴過更得幾千年

題節孝卷爲鄧母譚氏

有客携詩卷深山訪謫仙大書氷玉操掩映栢舟篇松冇貞心在花看桂子妍昭哉昜嗣服慶善引綿綿

邵少湄折柬有樓臺將送暑凉露報新秋之句用何詩飄洒欣然余懷走筆答之丙寅七月七日巳刻對使

樓臺將送暑關塞巳迎秋夜繞星河耿朝看䕺露浮芙蓉花底坐丹桂樹邊謳對酒淸談永憑君消遠憂

樓臺將送暑關塞巳迎秋紈扇感無極金蘭氣欲浮何時携好伴樵月共淸謳踏斷四峰路渾忘世外憂

樓臺將送暑關塞巳迎秋月色天街近風香水閣浮花開

蓮子唱風引竹枝謳此夕正七夕能來同寫憂

樓臺送暑之句再三歌諷渾欲傷秋再用韻紀與

樓臺將送暑江海欲涵秋目斷孤帆迥神傷遠靄浮白駒
憐古調鴻鴈起新謳百粤昇平日誰先傾否憂吳自湖平二源逸

樓臺將送暑零露已飄秋綠樹流芳潤橫塘積翠浮舊傳
雙鯉信誰唱躍魚謳泳藻熙然在人間空百憂時有躍魚社題

樓臺將送暑風日正爭秋大火宵猶午微涼朝漸浮紅蓮
新度曲烏柏舊傳謳忽憶天涯路鶺鴒生遠憂家兄貢燕北上

樓臺將送暑花草半含秋三徑綠雲合一天清露浮星河
空有恨月殿是誰謳牛女年年隔不知曾煩憂

用韻奉答郭西橋 時歸樵

元冬已改仲黃菊尚縈秋亂蕋霜渾薄繁枝露欲浮誰將楚水調共續南山謳插鬢兼盈把悠然忘世憂

元冬已改仲丹樹故凝秋煖日千林靜寒煙一抹浮赤藤來舊伴斑竹轉新謳細細淸聲度孤棲消遠憂

元冬已改仲皇歷又頒秋天子萬年聖日華五彩浮六旬迴甲子四海共謌謳世世龍光普文王何所憂

元冬已改仲碧水舊涵秋鴈陣聲何急魚書寂不浮天涯窮短目澤畔苦長謳嘆息美人遠寒山殷百憂

和古林何先生聞報之作 括易丁卯三月念七日

獨樂邱園久　重明委照來拔茅連茹起舉鼎待鉉回善世謙謙德康侯井井才願公飛翰入巽命急需裁

餞別天衢上需郊酒未深同人離索意觀國壯行心道長三陽泰幾先八月臨孚號還惕厲由豫羡朋簪

牽復趨三殿含章侍五雲　黃裳方下士朱紱正宜君鳴鶴靡新爵潛龍離舊羣闚觀吾竊喜豹變蔚同文

來章知慶舊視履見祥新錫馬期康國包魚肯遠民敦臨孚惠德顯比樂同仁獨恨逵鴻者金蘭失所親

藕花亭雜詠爲粱浮山中書 丁卯九月朔日小溪舟中

橋臨楊柳畔亭在藕花間曲檻開三面疎簾繞四闌青萍魚在在綠樹鳥關關朋舊追歡賞應無一日閑

翠蓋低時雨紅粧爛晚霞亂香飄淡蕩一色擁清華覧勝當人意林幽得自誇蕋珠天界是何處問仙家

幽棲眞勝地清爽逼秋天密蘂應藏鬼高花或坐仙君當容借宿吾欲駐經年飲露飱英足蓮房受一壥

一瓣可游仙花潭到九天歌聲微遠岸棹影入輕煙舉袂招邪得凌波去可憐坐令同賞伴悵望五雲邊（用張仙事）

莫唱釆蓮歌釆蓮傷葉多葉傷猶自可花傷將奈何借露勻紅粉因風舞綠羅凭闌仍對酒幽興任清波

莫泛采蓮舟綠江生遠愁歌聲偏嫋嫋苦恨故悠悠音信
千山斷馨香一握稠美人何處所明日又三秋
綺席花間列歌舟菓底穿淸秋翻妙曲白雪賦新篇賞
渾無厭玆來更有緣不知今夜月猶得照潺湲梁文川出妓
水鏡徹層霄漁舠泛澗豩避花收短棹按節度長簫裁唱
翻淘浿吳謳雜采樵主人能飲客拚不睡今宵陳唐山泛舟
風雨蛟精出搴簾濕奕碁三秋紛赴節六月亂添衣酒酌
頻逾醒笙歌爽更徹晚晴還有月今夜不須歸鄭洵嶼携金
待月藕花亭衣冠集穗城天香飄漸細國色影彌淸鶴髮
欣陪侍犀觴得屢擎獨慚才思短授簡賦難成

雨洗重重暑風傳陣陣香是誰歌白紵有客賦青湘酒寬
知已量醉覺過人狂公自憐才者寥天恕阮康
高與逢賢主杯盤晚未收白華歌進酒明月坐邀秋得食
馴垙鮒忘機狎野鷗汪汪千頃度不忝舊風流

盡簪樓雜詠十首

小構臨幽僻衡門晝亦關朱簾垂綠水華檻倚青山粤秀
屏長護天香花自閑高人時枉顧清論散琅珊
草剏荒蕪甚羣仙每每過短墻侵碧蔓細路合青莎筆落
驚人賦杯深放客歌會須傾倒盡豈得但微酡
春游芳沼濶緩步大堤平細雨滋園芷微風盪野萍逍遥

來九老笑語引諸生更荷留雄藻光輝藉盛名九老俱有詩刻

三徑足幽棲高賢況有題青霄榕翠合朱夏荔丹齊驟雨

穿渠急狂風壓竹低稍晴僮發筍喜得滿筐携

小坐青樓下微涼次第添池魚紛呷藻山鳥靜窺簷鶴節

排陰密龍鬚帶潤纖誰云六月暑風緊欲拖簾

眞率風流在存羊意可尋約賓無速簡會長有嚴箴茗煮

他山嫩花分別院陰自然幽賞足誰道剡溪深唐山會長有約

上上盍簪樓遥天一望收日移南陸晷風送海門秋五嶺

紫霞幛三山杜若洲看看星河近乘槎好遡流

山鬼佯狂雨雷師送驟涼菊花新爽路竹葉故盈觴親舊

疎儀貌笑談雜謔浪夜來臨水酌煙月淡微霜區見泉兄弟夜酌

有客來何暮芳尊日欲斜饌分青竹笋茗泛綠葱花方外

衾元契時中訂作家三更山月起更與玩清華彌塘師夜坐

鶴髮朱顏老何當駕屢過秋衫綿葛雜時菓柿蕉多攜盒

情何限投壺酒每酡別來空悵望林麓故阿那諸老送予出社

十八灘雜詠

行路說艱難江西十八灘亂流森鐵石急瀨瀉瓊珊浪搏

心同碎風低意頗安覺來人世險不在此中看

扁舟下若馳石罅度高危犀角倒囷出龍牙斷陣欹仙宮

洵有美水府舊多奇願借狂瀾砥中原柱地維

呼沱氷始合鐵馬亂中流鉚盾參差渡旌旗次第游隱現
六龍駕儀刑五鳳樓君王奠八極鰲足此靈邱
東海分龍種來游第幾遭戈旗三百里鱗甲一秋毫日短
川原寂天寒水石高白鷗如有約雪羽振清皐
山驛開攸鎮水程說俗淳四圍千嶂合中滙一源春打鼓
迎官舫鳴鑼候吏人獻瓜清瀨側莞爾見天眞
清宵㑊更晴初月瞰山城羨有燈花好獨將杯酒傾木魚
分夜漏鐵馬雜秋聲醒眼三更促賓鴻陣陣征
涉川偏涉瀾盡日未開顏晚泊喜安穩樵歌聽往還清秋
喧蟋蟀漸月照關山高卧且今夕明朝又碧灣

皂口催晨發殘星落五更山花秋故好水色冷彌清重霧迷前渚高灘失去程南風如有意早得報開晴

半歲經過地劬勞念每深秋華承露重古木幸風沉辛苦平生足腤甘季弟心逾涯疎遠望白髮尚勝簪

瑕生半歲母氏自玉河懷抱南歸后復提携涉此灘凡五渡瑕庶出也未有黃封

雲程新雨露風物舊天南一歲秋初冷兩江魚下潭牽衣供永夜揮盞戰寒嵐却憶三城裏微霜足早柑

廿載重來地依希記綠林牧童吹笛慢山女汲泉深落日諸天暮高秋一帶陰扁舟過盡角凄切舊游心

嘉靖甲辰偕黃華泉北上阻風灘中與樵叟牧童閑敘桑麻今廿年矣

乘風終日下奇眺眼全花截岸分山骨中流合石牙千嶂浮虎兕百里鬬龍蛇鎖斷南來脉英靈不可涯

當年湛夫子澤畔寄孤吟棫樸千年意圖書萬古心江聲通夜轉寒氣傍秋深十八灘頭詠誰知流水音

嘉靖庚子

湛甘泉師致政南歸有十八灘吟慨行路之難也

新詩三十六舊恨百千重七弟春游地孤村夕照中白沙洲上語清水岸邊容相見知何處來生或再逢亡弟粹齋春元已未北上會登覽灘中見者羨其魁偉比至京嚴介老見之嘆曰渭老好後人不意年僅二十七庚申卒

匯見泉表弟新居寄賀四首

積善委餘慶門閭瑞氣浮竹苞高數仞瓜瓞定千秋屋有

公卿種世爲清白流詩歌兼頌禱何日共滄洲

門高車馬入水濶畫船浮自是棟隆吉即看桂子秋落成

吾日醉棲穩爾風流好更尋芳去琪花在隔洲

野濶雲容淡江清日彩浮新居深孕秀高棟爽涵秋曲徑

連芳草横橋鎖綠流不知塵俗伴曾得到斯洲

朝旭霞堪摘澄灣翠欲浮百花開綠野冊樹擁清秋蜆艇

來朝市漁歌趂晚流翛然無一事此地即瀛洲

頃波來東有游樵之約喜走筆答之 丙寅五月九日

忽傳瀾石札清興亦樵關雲滿痴仙袖煙深桂子灣好歌

移白晝佳伴拉青山景勝堪良晤祗憂人未閑

走筆招區頓池四表 丙寅五月十四日申刻

坐看魚游藻忽驚人寄書綠陰消遠望清夏慰離居溽暑

催時序急流漲晩渠山齋無一事關戶待高車

靜玩先天畫閑抄種樹書數時知立夏逢价問與居近市

煙籠竹深山水决渠洗心高自坐誰駕白牛車

岐山親家東廳雅叙走筆

五載天南別鴻音復太疎何當瞻氣象眞足慰離居細叙

親家禮温尋報國書賔筵何猝爾應是日無虛

女眷集中堂東廳宴綠郎幽花誰共賞時菓自生香過午

酒無量迎秋詩欲狂况有高人在遐心天際翔

鄉里故多賢陳艮或未先詞源三峽水心地九秋天傾蓋論初合持觴意巳傳素琴如拂拭爲奏五噫篇陳鋏山同宴

俊逸來清海因緣侍帝鄉湛家離眷裏陳榻舊輝光銅柱游幾遍金臺譽更芳芝蘭看滿室吾欲挹天香

和韻呈歐禎伯親丈

更隱古寺北驅車一往尋初秋槐影合過雨蘚痕深坐久香添茗談清風入林非關禪定意自覺思幽沉

千年遺緒在還可共搜尋宇宙菸菸濶江河浩浩深遊魚看伴藻啼鳥聽中林生理無餘欠人間空陸沉

羡爾新推轂嗟余屢枉尋簫韶羣間詠山水自高深鳳翥

欣侵漢鶴鳴長在林哺糟且寘歠一醉信浮沉

和韻酬譚姪壻

十年三見面⾣會豈云疎但念同離褱何當歎索居卑尊分長幼執禮誦詩書羨爾家庭好高標近斗虛

舊識青雲器今知彩筆郎一揮十餘韻滿座百和香遲暮憐唐老春風愛黠狂會於千仞表竚看鳳凰翔

翰苑萃英賢樞趨爾後先兎春偏傍月犀角自通天古字誰曾問窮文或可傳閑來南郭畔三復萘猗篇

直諒從前愧遨遊只醉鄉彬彬見賢達藉藉有輝光越水終吾老秋風歇衆芳及時應遠攬各自採馨香

發南康過左蠡

朝發南康道沙洲駟馬班寒雲連北浦凍雨合西山物候
風霜外人家水石間征夫驚歲晚愁思上容顔

都昌曉晴晚別張都閫

行邑問農桑江干話更長祈寒思早暖連雨喜朝陽鼓角
穿山壯旌旗拂樹光畫眉誰竊喜明日見張郎

得家書訃仲兄少石仲弟少玉之報

殘臘歸南浦鄉親天際來喜看鴻鴈信忽報鶺鴒哀泮水
今誰在家風近太衰欲知凄斷意凍雪滿山臺右一
庚寅年以降甲子未云多爾旣先秋萎吾今奈老何斷魂

迷綠樹裒淚落滄波白石靑山路無因得再過　右二

春夜泛湖漫興　丙子三月二十一夜發鄖子

昨日攀元洞今宵泛碧空舟航絶星漢機杼見天工問路
迷雲渚知郎有道風水晶仙闕是努力掛高蓬
短棹擊空明扁舟似葉輕殘星低兩漢缺月上三更木鏗
他山響漁歌隔塢聲恍疑仙島近身世在蓬瀛
天近四更頭風高載月舟短簫悲塞鴈長篴起江鷗農艇
紛搖櫓漁罾遠掛鈎歌幽誰獻曝辛苦遍滄洲
弄月不須疑蕭疎半世癡逢人深淺酌見爾妙高詞舊有
紫之癖今仍白出奇幸依盧扁在箴砭足吾師

春日泛湖漫興三月二十二日過鄱湖

匆匆春似水，滚滚向東流。細草時迎棹，飛花故傍舟。天孫傳好句，帝子莫多愁。更鼓尋芳檝，光風在隔洲。

濶水飄銀浪，芳汀浸綠雲。遲遲江柳色，藹藹岸花芬。旭日漸加永，凉風欲變薰。暮春千古意，誰共此微醺。

望湖情落落，天遠碧萋萋。綠樹新黃鳥，青山舊錦雞。五風隨鷁舫，三戶傍漁隄。處士高棲在，移舟更水西。

誰開姑射鏡，人在鏡中行。映草船船綠，垂楊岸岸明。西山雲外影，南浦日邊聲。吟弄從吾好，空青一鶴横。

王中宇憲長齋捧入賀贈别

少壯紆朱紫朝朝夙在公春官隆體貌霜節凛威風駟牡
驅河朔夔龍祝　華嵩舊臣金鑑在誰獻　大明宮
聲名洋溢舊定遠始相逢聚首無多日傾心見古風道義
常相勗疎狂賴發蒙便知　新寵下何處馨交東

發南浦渡鄱湖雜詠

出郭風殊好緣隄景更姸紫鷰依緣草白鷺點青田水客
維秋艦農家起晩煙始知郊外勝婉似故鄉壥
漸通湖口路田家傍碧潯早稻鵞黃嫩秋楓翡翠深唱歌
摇慢櫓打鼓振高林候吏仍津渚那知物外心
湖望渺無極稀微見太嵩船行天漢上人在月華中長遂

關山曲高帆廣漠風獨憐牛女渚無路借媒通
明月照滄浪天光接水光朱簾疎度彩錦簟細生凉酌酒
風逾爽爭棊夜未央繡衣船尚遠蒲席莫高張

陪侯戎院何方伯張都閫東巡避暑鉛山觀音洞

驄馬出東郊緣溪翦草茅地分閩越界天在夏秋交古洞
鳴泉籟晴煙隱樹梢納凉無此勝吾欲結新巢
遠水來青障橫橋鎖綠流芳溪循曲徑危石立高邱為避
無窮暑欣逢物外秋華胥仙界在那更問三洲
洞外似沃焦洞裏忽水消六月不知暑八風常自調塵避
庚公扇泉分巢父瓢陽山叢桂在何處隱堪招

古寺嗟零落雲岊羨寂寥有峰如卓筆入洞似乘船景勝詩偏壯風多酒易銷不知東道主還肯再招邀

再遊青蓮洞

再入青蓮洞陰森路不迷市聲聽漸遠禾稼出將齊水碓憑龍踏山粱有雉啼風清兼境寂眞可遂高棲

誰說三天界人間不可通橋從烏鵲渡洞是廣寒宮聽奏霓裳曲坐當閶闔風新詩多逸態爲篆玉霄中

重遊石井庵

昨日鴛湖道重陪仙侶遊斷橋新補砌寒磬舊縈流龍卧魏嫌坽蟬鳴響及秋東南眞勝地誰與更淹留

餞　侯戎院入閩

霜威清楚濟霓望切閩中六月鶩湖畔千山鳥道通迅雷驅驟雨急電引涼風掃盡人間暑衮衣方始東

搴帷過絶嶠婉在畫圖中萬壑松濤合千溪竹徑通暑滌氷臺雨塵清霜節風獨憐達漸遠望斷海潮東

憶昔歲初冬樞趨彭蠡中數言窺度量一見仰明通業有傳家舊文當媲國風每於清讌暇時嗟小大東

淵謨人莫測言論每時中調鼎眞和爕垂規有變通豺狼潛穢跡凰鳳煽祥風江表經綸緒應知遍海東

追陪五花驄祖餞萬峰中薄暮山家宿先秋凉氣通驛樓

更斷雨官角韻隨風永念不成寐明朝吾道東

立春和盧星野方伯韻雜興　丁丑十二月二十日立春

野鳥喚關關熹微歲臘殘隴梅新葉暗棠棣舊枝寒醒眼無多夢繁憂有百端滄江煙艇穩便欲把漁竿
雲雨暗山窓殘書亂竹床倦遊思穩睡知止且深藏風煖菜花爛煙輕草樹光更堪供美饌芹葉澗邊長
新釀流連熟吾生更曷求招招清海侶日日醉鄉遊有亭名佚老拄杖自尋幽彼美今何處相思西閣樓
寡合知無援多言得屢憎自嗤三已仕深愧上乘僧去國嗟年暮持家尚夙興他時遺世譜清白或壺冰

昔逐孤山伴曾抄種樹書春來荒圃潤歸去學畦蔬帶月
便高笠閑雲借小鋤揮金誰氏子隔壁老陳餘
春來餘十日日日雨霏霏海上鯨波惡天邊鴈信稀入市
黃花賤回潮白蟮肥濁醪還可醉莫問羽書飛
吮舐嗟流俗叔疑豈異哉蠅聲紛止棘蛇影每侵杯枸杞
參差長桃花次第開春風如許趣行樂且蒿萊
少負豪雄氣先賢謂易過買溺嗟太甚廉飯恨空多通塞
誰知命功名老作魔只今憑法水一洒汞清和
投老歸村落交游總舊知春燈先打謎社席更爭誰灌藥
分新水編藤補破籬老農仍老圃聊得共生涯

前身誰照鄰標格足清眞轡水有餘樂雲庄無限春詩篇
都大雅文字逼先秦終似飛昇去水晶宮裏人
春詩無次序聊寄舊同袍蟻吠聲何巨鶬飛翼更高看花
迷霧眼掩鏡有霜毛落落長吟興除非借酒豪
立春今歲早春色杳無邊忙辦遊春席仍呼隔海船村沽
頻續罍酒債借征壓驟雨新濠漲西灣任急前

新春再和韻雜興戊寅正月二日

灼灼桃烽爛匆匆梅陣殘燧更新歲火爐戰舊冬寒虛席
客殊絶執弓人煩端結交滄海上皓白且垂竿
雲容迷綺幕雨氣濕繩床紫蝂偏宜炕黃柑得善藏開樽

分歲事覔句答年光更與仙山侶圍棋引日長
丁丁歌伐木啼鳥故相求國有牛醫子人推馬少游欸段
尋春遠追陪選地幽南園時一涉遥見粤山樓
獨立吾知我何妨多口憎磨礱還美玉彗定亦高僧弄月
歌仍嘯臨風坐復興恍疑春已暮嶺外少泮氷
夕除寒不寐挑燼對殘書獻歲供香粉迎春剪細蔬野花
隨亂放庭草不教鋤親舊時來下追懽半醉餘
朔雲連月寄知是雪霿霏西土人云靖北門出故稀彗星
新法象朝貴舊輕肥時事知何似犀觥且屢飛
天皇留相國茲事果康哉勉勉垂温語頻頻賜御盃親喪

時遣使　帝德日宏開會覩鹽梅合鴻恩遍遍草萊

餘生仍有幾歲月忽虛過適意事常錯操心閔旣多斷藤

今借劍堅壁任飛魔守一從吾好綿綿保太和

脉脉此趺坐洗心還自知有言俱剩語無隱更闕誰移桂

添新土勾花結短籬緼袍時向曝捫虱是生涯

靜裏看元化林林總是眞雞鳴風雨夜龍見水雲春蜉蝣

衣自楚鸚鵡語能秦萬物人皆備成人今幾人

明志宜蔬食便身只布袍從奢難入儉自下可升高渥産

多龍種瀛洲有鳳毛后生基搆重承緖屬英豪

欲買西郊地新濠鬼驛邊晩歸江浦渡春盪棚波船山外

開三徑花間受一壓芳隣千萬貫只在帽庄前

二月二十一日清明如樵展掃 戊寅

久負西樵約今朝見四峰日中星正鳥春晚月初籠絕徑宜山屐緣溪可水春桃源知不遠花氣靄溶溶

衡雲迷咫尺不記舊山腰雨驟便高帽溪深得短橋崑花紅楚楚野竹綠蕭蕭多少來遊客春心可柰驕

清明山務急四遠集紛紛霧裏轂如霧雲中女似雲採茶歌自細隔葉語微聞斷盡征人目羅敷正不羣

野鳥歇芳晨黃鶯失暮春雲深偏足雨雷細不驚人峻壁存三戶穹崑絕四隣到時近昏黑衣袂濕紛繽

天晚度山南荒邱歇小騄雨花封短砌煙樹鎖澄潭遂閑盈新蘚遺書憶舊函童年庭訓地悽斷可能堪

天皇垂世澤高塜　賜封題手植雪梨在眼看風木萋香燈春雨湴拜跪少年齊信有流光遠蹌蹌執幣圭

本源同水木雨露總遐思白紙山山簇紅花帽帽欹舟車隨遠近墳墓遍高卑開鑿何爲者蒼空鑒不遲

獨上高樓上清歌一拊闌鬓斑春冉冉心遠路漫漫舊壁留題壯新亭縱飲難吾衰知已甚天燰覺偏寒

得同亭雜詠

勉齋子鄉居依祖祠之左面方塘砌石誅茅爲

亭名之曰得同取明道萬物靜觀皆自得四時
佳興與人同之意時邀親朋壺觴其中命童子
擊鼓歌古詩鼓亦知人意者其聲曰得同亭得
同亭得得同得同同同亭同亭得親舊欣然

每會輒醉余因成雜詠焉

風雨晦冥冥獨坐得同亭微茫松隔水蕭颯竹臨汀遠意
空千古春山且一瓶醉來歌白石天晚少人聽
古岸簇青莎同亭枕碧波野雲連樹密春水過田多村女
垷侵骭郊童雨滿簑不知農作苦羣唱揷秧歌
山村長夏靜爽氣襲漣漪接水都荷芰臨流盡荔枝樹憐

先世楂花憶去年移漠漠江天思誰當共賦詩

八仙分水檻四老共浮槎輪日排蔬菓迎風酌藕花陽山疑有洞深巷是誰家佛隱來尋慣篙師莫近沙

澄潭覆曉煙小艇日高眠紫禁非無夢滄洲合有緣豸衣仍在笥蟻酒且如船心曲憑誰寄孤鴻没遠天

白露下青草微凉透葛衣江天靜煙靄風日有光輝鶖鴨家家鬧雞豚在在肥秋成人共樂社報醉忘歸

無事太從容淸宵坐得同好風來桂圃明月照蔡涌林影篩衣碎花香入酒醲莫歌叢桂樹人在小山東

和匯逵鴻見示村居之作

行樂復行樂東游得此庄逢春多逸興近水有幽香綠椰
風初煖青梅味可嘗永山成的事何處問金張　右東庄
夏日過南圃榕陰接地蒼草亭還可坐石榻不勝凉荔子
綠堤熟荷花隔水香更多幽賞伴漁艇繫垂楊　右南圃
閒關謝塵鞅靜見古人風野水浮鷗碧叢林結子紅煙花
供我老文字送誰窮新釀秋來熟千杯作聖中　右西園
一徑青林外孤村綠水間寒梅欺雪白烏柏落風丹莫以
嚴凝候而生憔悴顔管灰吹厚地天道有循還　右北徑

明月吟贈雨湖黄都督北歸

明月出東岑松梢散遠陰光連滄海玉影碎碧波金隔水

望無極高秋寒不禁舊知千里别悽斷百年心

潯州山閣外一見識英奇兵法傳司馬軍心樂子儀等威

隆外閫聲望震邊夷看看麒麟上腰間未止犀

元戎上玉京驅馬迅長征籌定百蠻服戈揮五嶺清人安

儒將雅天借福星明十載瞻承慣無因可報瓊

憶弟 癸未三月

青山鶯轉初翠竹護離居人遠八千里吾衰六十餘五雲

仍北望三月又春徂寂漠無儔侶時耘荒圃蔬

送葉養直歸龍山 甲申

葉子名機號養直精武藝熟弓矢少壯以勇烈

爲鄉里閭教師所居鄉羣盜遠避之其爲衆所
推服止此余以暮夜有戒心延致之乃扣其抱
負不可窮詰若太乙數若虛實五星若子平若
斗數若萬年歷下至篆隸圖書網罟射獵簫紡
之屬無不通曉尤介於財分毫不苟取游諸巨
室數十年室懸罄也壬午癸未携其子就余學
甲申告歸詩以贈之嗟夫天下有才而不遇若
此其子當有顯乎

多藝復多材公真焉學來屠龍空有技附鳳乃無媒歲月
催人老煙花到處開兩京將走遍孤劒獨徘徊

水村借寧宇遠近浥英標盜似逢鸇雀人稱逼鼠貓網羅
兼衆技簫管亦多嬌草澤遺雄駿弓旌誰爲招
西石終吾隱東皐與爾登笑談花底坐絲管竹間騰羊仲
琳三徑龜書抵十朋年來閑討論時得問多能
篆隸侵西漢圖書映泰階五星懸指掌千歲坐推排直道
離弦矢清標倚壑梅德滋知裕后丹桂巳根荄

偶題　乙酉六月

同亭存石磴古木亦清幽永日未徂暑凉風牗遞秋薊北
音書斷塡南羽檄稠杞人頭半白且得臥滄洲

昇平樂

缺月出東山雞鳴人度關平安爭趂市歌嘯振清灣米慣
三錢價衣誇五褲斑知是賢侯在閭閻免苦艱

立秋前二夕聞歌

近秋風氣好入夜暑微消女伴歌聲合娥眉月影嬌𥧌林
時落葉曲澗遠通潮光霽渺無極誰同倚玉簫

栝易送中丞滕少松公祖陟留都　丙戌正月

九五當乾馭黃裳被冕旒天風申巽命晝日接康侯錫馬
膺藩寵從龍展壯猷即看交泰合雷雨滿皇州
十載不家食天衢觀國光包魚知碩量射隼著鋒芒井井
宏經濟乾乾日贊襄　大君宜有命三錫倍輝煌

含章承　帝寵資斧鎮南中蹇蹇王臣節謙謙君子衷后
庚新積習先甲振頹風我自闞觀者欣瞻衎食鴻
包荒匡泰運憑河厲上公蔚文膺變豹儀羽翊飛龍鼎耳
資鉉壯王庭羡棟隆定知裁輔烈豐日永當中
鼒郊開祖帳旅觶盍朋簪悵望遺鉉玉無因繫梲金貫魚
茅拔彙鳴鶴子和陰倘東邱園帛如蘭尚可尋

# 霍勉齋集卷之九

南海霍與瑕著

十三世孫有光、世光重梓

十二世孫進芳校字

## 詩七言律

### 侍甘泉師謁四賢祠泉翁在羅浮黄龍洞建祠祀周濂溪羅豫章李延平陳白沙四先生

百代眞儒共此祠，溪蘋澗藻具威儀。三香手獻烟如縷，一脉心傳道若絲。古洞浮嵐青靄靄，山堂芳草緑依依。春深風月無人領，渺渺微軀誰與歸。

高山千載瞻前哲庭宇經營信有心門戸森然廊寢異階
除宛似奥堂深虹垂雨凋濤殊派屏展諸峯碧萬尋終古
秉彝應不泯同祠配享匪斯今

聞甘泉師翁游南岳歸志喜　丙辰六月吉水舟中

隻影天南無伴侶九旬雨度下西瀧壯年風韻今猶是艮
夜月明歌更長衡岳白雲添五色江門清派滿三湘湖南
豪傑多能者衣鉢今歸何處鄉

寄何麓池臨江通府

不待巾函葉幾凋音書疎斷水迢迢百年夏日多離別三
疊秋風空寂寥細柳灣中憐澤麗寒梅嶺外苦天遥逢人

若問三城跡薇蕨春肥暫侶樵

題月塘 巳未玉河橋

綠水滿塘春更好四時有月秋偏光塘因得月塘逾靜月爲臨塘月倍良塘月幾宵入劇飲月塘千里我懷將何時重酌塘邊月一曲高歌月下塘

沈章山叅政見示詠雪佳作奉和

夜簷滴瀝已全消曉看西天復亂飄半是雲花半是雨亦迷烟樹亦迷橋不妨遠路埿途滑賴有東山屐齒高寄語天邊青女使邯鄲遺步頗稱牢

春來玉女行春令碎剪瑶花落九天河漢有雲連水岸江

南無地不風烟樵夫阻凍晨撑户釣叟凌寒曉拂船山郭寂寥無的事偷閑高枕且安眠

歷亂凝雲雪更揚狂風迴舞庭中央疑非楊柳何多絮似是梅花祇少香人在水晶仙界裏鶴棲蓬島玉山陽良時好景真無價誰伴高賢舉兕觥

六月姚江舟中 時余赴山陰會勘倭寇大與同事忤已決歸計后遂被論落職

山陰寄跡餘旬日宦海歸帆已掛秋瘦夢不成銀漢落清風徐到夜江悠展脅自分安微秩楚客何因賦遠遊堪笑狂夫狂似舊今人猶唱古時謳

泊丈亭寄翁見海中丞 時予被流謗中丞亦疑后乃釋然

去歲招携過小亭一冬景物可幽情爲尋方外烟霞侶却値人間月旦評笑語移時疑俗態溪山千古訂新盟目憐野鶴身常瘦隻影凌風天外行

孤松山畔影亭亭有客盤桓獨抱情古瑟自傳流水調新詩應與國風評且看雲雨膏中野肯把寒泉忘舊盟半醉將來天欲晚寥寥遠道少人行

喜九弟閉關結伴苦學

忽驚時序迅輪回長嘯東風立晚臺花影漸稀春事足書聲何處夜窓開論文當日饒高手渴睞經年愧腐才知爾從來骨相別故尋仙侶上天台

青梅閨怨

懶把蠶桑對夕暉倚門長望每依依半山紅照日將晚一樹青梅郎未歸無限風光春滿院不勝幽恨月盈扉逢人試問渠消息猶自江頭醉石磯

元夜立春 詩社題

東風早見送青牛南市烟花更滿樓玉樹丹霞春浩浩碧燈明月思悠悠氷壺一色眞仙界珠海何人結勝遊分付仙郎催鶴駕凌空今夜到楊州

滄海無波百卉蘇東皇分愛到明都風光是處多佳麗月色空中半有無鬧市輕烟横翡翠通衢急管碎珊瑚春燈

春酒行春合拚倒銀釭一百壺
元夜燈花何綺麗迎春士女更嬋娟幾廻白眼偷憐玉三
絖青牛亂着鞭月下偏携䣯酒伴杖頭多帶買花錢晚街
好處尋吾樂肯把春風讓少年

讀萊軒感事之作走筆漫書

從來春雨浹旬陰何事傷春獨苦吟念載燕雲徒浪跡淸
時流水少知音不龜自分澼絖手摶虎早灰馮婦心且趂
雨餘勤種樹明年桑蔗或成林

寄懷粱雲端時連雨七旬矣雲端西遊三旬矣

芳草萋萋古粤州王孫何事太淹留春風獨賦桃花什西

水會歸一葉舟到處江山新入眼離居風雨故添愁何時晴霽還相過莫遣千紅送亂流

登雨青樓

巍然相府雨青樓有客來登最上頭千里山河窮短目幾家烟火淡新秋清談自覺狂多謬懶病秪憑酒暫瘳回首北天重倚望五雲依舊護神州

和韻送時菴陳子歸廣右陳子有李三洲都憲贈言

芳庭對酌思沉沉一幅琅玕萬古心碧海歸舟雲樹遠東風回馭落花深惜春漫作黃鸝調恨別聊爲白鴈吟知爾鳳毛成五色朝陽時復聽徽音

聞唐子妙陽出憲獄喜而賦此

古今絕唱鷓鴣調，天地生成倚馬才。十年龍劍埋豐獄，一夜鸞簫到史臺。物外風光三島月，掌中造化九天雷。好將南海神仙樹，移向雲邊倚日栽。

黎氏旌節榮獎 遺腹一子已游庠矣

寒少衣裳饑少粱，青春茹苦守空房。三千世界貞心在，半百年華悲恨長。獨鶴將雛窠朗月，慈烏傍母宿清霜。霜寒月冷秋風起，滿院飄丹桂子香。

其二 代少石兄作

戢翼鴛鴦正在梁，孤村寡婦一茅房。幾穿葛屨秋風緊，獨

剪銀燈冬夜長清淚暗將添錦水斷魂何處墮明霜天門
此日開青眼桂子蘭花奕葉香

走筆奉和陳唐山見懷之作

十年浪跡始歸樵草徑山堂故寂寥影落清溪幽思足夢
殘寒篳舊交遥春風處處催啼鳥野水家家趁插苗好景
好春須好伴漫將魚信寄春潮

山居奉荅詩社列位老伯見懷之作

閒倚晴窓物色熙三城音信近來稀忽驚趙壁隋珠入疑
是陽春白雪飛綠蘚有文封斷砌金蟬初蛻振新衣太平
此地眞詩社端爲諸公先啓扉

爲尋佳勝趣偏酣更向烟霞古洞南小朶幽花臨水岸長條野葛護雲菴山中茹草羣麋鹿風外傳笙幾鶴驂一味淸眞聊自適不知人世有肥甘

奉懐砌塘尊師古林尊丈

淸歌一曲思熙熙唱入南山和者稀老鶴高棲松檜穩饑鳧低趂稻粱飛百年地步誰繩武千仞岡頭獨振衣自笑狂夫踈懶舊三竿紅日尚關扉

斷魂芳草送春殘誰寄春詩自水南杏樹壇邊新雨澤梅花村裏舊雲菴明時天際翔威鳳野老山中憶去驂肯訂翳門關上約碧溪薇蕨有餘甘

奉懷素予劉尊師

三十年前此拜師只今風景尚依稀春靄每隨山上下晚霞時與鷺低飛松陰晝永風生袂桂影秋深香染衣蘭水潼關龍起后白雲封盡舊柴扉

九龍曾憶侍巾函歌向溪西復水南十里清陰松引路幾家籬落草連菴獨宿自憐松頂鶴廿年人斷廣州驂應嫌風味山中淡元酒太羹淡亦甘

苦西北二江大水傷稼

清入西郊景色熙無端新潦稻花稀拍天巨浸兼潮湧遠浦歸舟帶雨飛野水亂浮鳧鴨陣東風時洗鷺鷥衣詰朝

定有晴明日且唱山歌掩晚扉

經月陰霾勢未殘衡烟聊爾過山南盈科水碎無窮玉斷陣雲迷幾處菴盡日東風揚遠馭浮天西潦阻歸驂澗底老龍眠正穩不知霖雨是誰甘

寄家書南京偶題書緘

年年天北遥離憂此日城西思倍愁正擬封書憑雁翼又逢撾鼓競龍舟喬椿鎖翠皆無恙棣蕚舒紅亦寡儔一報安寧一惆悵漫將情緒咽歌喉

和友竹見寄兼致謝懷

秋盡南郊陣陣風微凉微煖萬方同招邀喜有高賢伴掩

靄何妨細雨濛綠野天低闌檻外朱樓人在畫圖中清尊且罄瓶還續夜半狂吟意未窮

急韻長篇字字微八旬老子世間稀九河遠瀉龍門水三島遥披鶴羽衣入眼明珠何燦燦揮毫和玉故依依行春驄馬春行樂還許綸巾坐釣磯

夜飲孟兩峯宅論學（兩峯講陽明之學教人多看佛書故有低柔之規）

我亦樵西一草亭引來秋水作圍屏孤山月朗心寥寂千壑雲深路杳冥漫把清歌當酒唱細傳芳調與公聽高聲夜半驚聞遠稍放低柔意愈平

七夕陰雨次日雷風更烈

佳人脉脉更亭亭閒倚軒轅作畫屏應爲牛郎頻隔歲故將鸞鏡掩空冥天河瀉恨雲偏惡風雨傾愁夜忍聽十二萬年年一會不知何事未能平

入三里同吳州守王縣尹觀鳳化城二首

山爲樓閣石爲臺驅馬登臨首重回野水横舟從客渡好風吹雨過溪來千年洞在人空老幾日春歸花自開感慨有餘新月上一尊喜得兩公陪

夕陽車馬到林邱環眺荒城起遠愁人在右江仍入洞節逢端午失操舟山風次第吹雲散澗水當門帶月流浴罷童冠三兩輩細聽榕下納凉謳

宿三里山家在八寨口

元公開府控西州伐暴招携賴壯猷八寨從風無吠犬四山明月有啼鳩星辰影淡銀河靜海宇凉生玉露浮盡角五更催出洞不知何日重來游

遷江道中偕陳尹月下

小隊燈籠引客行丹山碧草染衣輕繡裳三度來公子白馬多驕見后生一路嘯歌風韻雅千峯光霽月華清遷江此夜留篇詠故事他年或者成

五月望日至雷塘大水始涸憶在邕州曾爲李侍御言太陰犯畢豕將涉波今乃城市游魚鱉也

暮春三月侍邕州漫說星文似可愁幾見太陰偏犯畢堪憐洪水正横流自唵捧土難援溺肯信乘桴好遠遊故國不知今底事觀瀾誰坐四峯樓

十六日偕胡余二守登柳州南樓小酌

尋樂而今更莫遲青陽辭候已多時遥看楚水無窮去獨倚南樓有所思駕鶴山前雲淡澹伏龍城畔草離離三杯二守同清暇千古風流應在兹

七月三日午刻走筆龍江舟中

風日爭秋客路遥小山孤枕思寥寥龍江雷雨來何暮鷁舫炎蒸苦不消孟浿半生空自瘁奔波雙鬓爲誰凋新詩

倚棹邀靈覫一朶祥雲沛澤饒

走筆答何次瀾見寄

十載江湖不記還今攜妻子入樵關熹微烟火饒新賞管領風花得舊閒獨對兎蟾秋淡蕩不聞雞犬夜平安山中合有諸仙在行訪眞詮駐壯顏

天香草堂見梅 社題

寥落城東舊草堂標枝幾處蘸荒塘喜看春色隨長至遂有梅花傍短墻夕照熹微橫瘦影山風斷續遞寒香殷勤把酒同歡賞遲爾和羹待歲陽

粵山社會逢海嶼初度 社題

東風送煖到仙城幽谷紛紛求友聲初度可誰逢社會十年而長是鄒兄新詩落落饒春思雅量汪汪不世情且莫滄洲偷摘果碧桃今始放紅英

春山偶筆

鶢鶋何事喚紛紛歌在湖山萬頃雲燕雀豈知鴻鵠志鳳凰曾與鶩雞羣饑烏腐鼠人間世瘦鶴肥鶩天所分龍見豹藏皆自得肯將鵬鷃詫蒼旻

陪弼唐尊師祀雲谷歲日山間父老來讌

二十年前薦素蘋曾隨大老步天門衣冠滚滚非前度故舊蕭蕭有幾存夾院泉源垂瀑布一堂風致共清罇山間

父老依然好醉唱山歌徹遠村

承盧星野教聞謗毋辯小詩謝教兼申來樵舊約

削跡樵西舊水涯關心明月到山時去年疊疊攀躋約此夜悠悠音信遲九十春歸花伴鳥幾廻懐放酒兼詩巾車紫蓋三城外何日來過慰遠思

歸去皇皇何所之東風入院已多時千嵓鳥語烟霞古一路花香春雨遲獨向松根横卧榻誰於竹葉亂題詩憑高未共登臨賦搔首闌干空遠思

楚客離騷古有之滋蘭樹蕙及良時園圍十畆風烟足地近三山春日遲丹鳳岡開新洞府九龍泉洗舊歪詩采芳

盡日空盈掬路遠無因寄所思

竹杖芒鞋隨所之風光正是暮春時雨中吠犬聞全未世外呼牛應不遲野店流連偏足酒山花狼藉故饒詩穗城更有無言教三復悠然起我思

次韻 為紫霞題

萬樹桃燃一洞霞結茅洞口是誰家不知天地此何世慣見春山開亂花石竇引泉鳴碧玉藥爐有火煑丹砂年來九轉功將就普濟羣生應未涯

讀譚二華翁薦書有感自述

自是人間薄命人秪應雲水寄閑身蕭條野鶴軀偏瘦歌

嘯蟄龍蔣可嗔三載虛沾 慈尹祿廿年猶憶帝都春天涯知已恩難報空付悲吟泣鬼神

東湖

隱隱青青水外山有人卜築水山間一天風月招邀遍百歲光陰舒嘯閒日出波光搖釣艇春深花影落漁灣歸來賦就尋邱壑我亦樵西今閉關

和鄭秀才見寄

四壁嵒崖鳥道斜千尋絕頂得山家居人似不聞烟火托屋恍疑棲絳霞漏石清泉風振玉點林紅葉錦添花胡然嗣外漁郎到豈有芳桃出水涯

亂峯盤薄翠迴迴萬綠陰中小徑開洞裡風香偏足桂山間秋色故侵苔詩篇得意聊千首觴酒輸人任幾枚客子相過無厭數一尊傾盡一尊來

鄧仰泉偕姪訪余山中索詩座上作

雲鎖樵關晚乍開廿年知已過荒臺豚魚遠致青山盒酒醒頻傾碧澗杯竟日高談陪二仲好風吹殘韻三槐我能劇飲君須醉隔海重烟雨又來

走筆附寄安寓方田二表

石榻漱雲敲午夢柴門過雨急前灘烟連古洞春如昨碧滴交梢夏欲寒九萬因風嗢鵾鵬十三乘醉種琅玕寄聲

安寓方田子早晚來游共採蘭

五月廿日琴沙偕方田諸君泛舟賞荔用前韻

紫氣朝來西入關呼童早起落前灘殘星幾點野風細曉鵲數聲山月寒帶露孤征沾旖旎移陰久坐遍琅玕丹霞樹底饒清話氣味眞如幽谷蘭

開向樵西第一關挐舟急水舊時灘三江滚滚浪花碎一路陰陰風樹寒綠野有堂依碧渚青霄無碍信琅玕算來直是幽尋懶十九年前此看蘭

尋眞偶出翳門關五月扁舟共碧灘江浦笛聲驚老夢琴沙風色入秋寒水雲身世欣清酌烟火山家薦綠玕從此

採芳來往慣丁寧畦父爲栽蘭
桂棹飄飄遡水關與君遊遍六州灘西江浪湧蛟龍喜南
國風多菡萏寒十頃初黃收豆麥兩溪高碧聳琅玕數聲
晚浦尤堪賞互答漁舟歌木蘭

黃萊軒見懷依韻奉謝

避暑西峯俯太荒山高人靜日偏長最宜古樹依簷碧更
有閒花滿澗香風采久疎憐舊雨晚陰誰共納新涼再三
歌諷陽春曲清韻悠悠繞野塘

崎嶇尋壑亦經邱隴豆畦薑處處稠濁酒清溪聊獨酌故
人新賞幾淹留自甘涉世隨呼馬肯信忘機好狎鷗空谷

白駒佚逸豫焉知天外有公侯

離索經時思渺茫懷人山院苦天長古峊過雨雲猶滴老樹着花風亦香拄杖尋芳偏足句移杯傍竹不勝凉更憐野趣無人共翡翠時窺淸淺塘

珍重仙城老太邱篇詩寄我錦雲稠續貂有句秪堪哂得兎忘蹄可莫留笑看煙霞追放犢公詩到適湛子佚牛閒依雲水侶浮鷗橋洲荔圃年年熟肯羨人間千戶侯

橋梓長春

何處人間兩地仙班斕歌舞人新篇筵當秋序黃花瘦老飫春風白髮鮮雨露千山橋伴梓闈江萬里水連天好將

壽考作人雅去贊臺萊杞李姸

鄧仰泉挽歌

初夏翩翩小洞游別來書信幾綢繆不勝古意依雲壑更有新詩到廣州知巳忽傳星隕夜哭君狼藉葉飄秋精神許健成歸盡泡沫眞如塵世浮

昨日書來字太遒擬於雲谷拜中秋秋風巳送千崙寂君子何之九曲幽槐夢句成詩有讖山家黨熟酒誰賒一翻歌罷一翻恨蒿里萋萋葉露稠

鴻映閣遠爲黃連何念堂往閣看姪震堂 丙寅八月

老夢不知湖海濶秋衫遥帶嶺南雲汀洲到處蘭花滿風

月常時桂子芬當路福星人萬仞臨流孤嘯鶴離羣殷勤爲語震堂子淸世今方好致君
話別正懸三島月贈行聊借五溪雲雲橫淸海波逾靜月滿黃蓮酒更芬有客中流新擊楫何人塞北舊空羣寒江唱罷採蓮曲一曲秋風遠送君

清明謁　陵遂遊西山　庚午

淸明佳節出都門煖日和風肅駿奔萬國衣冠共玉帛億年陵寢鎭乾坤瑞藹四山圍錦樹靈泉千仞落雲根天藏地設眞奇勝　帝祉應知奕葉繁
微雨三更淸路塵曉來山郭物華新朱衣袞袞都前輩驄

馬蕭蕭多近臣樹影參天金殿古溪聲動地玉橋春升中
子夜人神協細聽虞韶笙磬勻
追隨大老獻椒漿得採蘋花拮早芳千里山河開法界八
陵烟景入詩囊腐儒舊有憂天癖妙劑誰酬療世方望斷
五雲空極目不勝幽思俯滄溟
當年獨抱意寥寥此日遙高感慨饒峻嶺以西連朔漠
皇陵之外即天驕　至尊諏策典謨在大將分符節制遥
最是寄雲安穩地只今烟火亦蕭條
縹渺關河縱大觀白羊滄海勢如聲千層嶂設無窮險萬
里城高終古完豈有軍需增百萬尚云兵事轉艱難可憐

漢武諸名世多出降奴牧監間

聞道西山佳勝地念年勞企欠登臨好春好日陪仙侶疎雨疎風度遠岑綠酒湖亭供永話幽花石洞覆繁陰邪知背郭塵囂外別有高山流水音

嫋嫋垂楊幾處村悠悠驅馬過平原野花啼鳥有何意芳草王孫空斷魂三十年前存舊藁八千里外隔椿萱凭高一度一惆悵極目南天多白雲先尚書有游銀山八律今三十五年矣

穹崖崒律更逶迤看到西嵓漸漸垂回合諸峯梵宇出參差叢樹碧雲低滿溪桃李花初放近水蘋蘩葉未齊好景獨憐歸騎促再游應及九秋期

爲陳洛南公子南歸嶺表贈別

携手忽驚袂轉分，三城燈火舊比隣。仙舟泛泛桃花水，祖席離離楊柳春。折柳暫翻梅嶺曲，看花莫遡武陵津。秋風吹罷鹿鳴管，又是金臺射策人。梅嶺綠陰青子菊坡詞也公子今爲上舍歸赴鄉闈

長安風細靜無塵，門對西山結近隣。殿閣五雲清禁迥，煙花三月玉河春。忽聞薊北吟莊調，又向江南問楚津。知到羊城過粵秀，倚閭猶有未歸人。

羽儀廊廟見元公，羨爾徊翔六翮雄。禮樂明明新國子，簪纓滾滾舊家風。潞河水送江南鵲，庾嶺雲歸塞北鴻。賦別不堪鄉土思，一尊聊共海門東。

東平阻雨觀書聞鶯漫興

五老何因坐翠岑　閒花滿地亦關心　黃鶯聲亂綠楊細　白鶴書來碧海深　古院有苔侵短砌　夏雲將雨落穹林　征夫自笑蹉跎慣　信宿何妨且朗吟

桐城夜雨甚烈次日喜晴

東海蒼龍騰夜雨　平明猶自下沉沉　烟迷細柳望無際　泥踔征輿苦不禁　官驛幾回成獨坐　客途千里漫孤吟　晚山晴霽果何意　遲爾秋原作旱霖

上弦月

少小迄今尚慕仙　無端世網苦牽纏　八千行路天中伏　雨

度離家月上弦喜見緇塵隨雨靜漫乘凉露帶星眠明朝又躡高人躅應是邯鄲舊有緣

景州曉行

景州夜宿迅風雷景州曉行天地開禾黍穗含時雨潤芝蘇香逐好風來浹旬爽氣偏宜客半點淄塵不上懷應是眞仙朝帝闕封姨青女預安排

乙亥被　命出山别三城諸君子

十載眠雲古粤州强扶衰病策勳猷春江畫舫風生鷁晴日花堤羽拂鳩故舊關心遥水隔光陰催鬓有霜浮奔波半世成何事回首眞慚馬少游

雷雨即晴用韻

斜風斜雨洒纖纖一洗江南九夏炎庭院落花紅欲晴莓
苔封砌碧相兼天空乍覺微雷過海濶不知新水添公暇
偶看湖口稻高低同是有年占

奉別黃碧川大叅歸番禺四首

黯黯同雲雨脚纖正宜高閣滌新炎忽驚天上雷霆迅遂
使人間聚散兼談虎每憐色獨變畫蛇偏恨足多添賜環
應見　皇恩重試聽啼烏午夜占

三年威惠遍洪纖晉秩蒼梧火正炎豈謂狼胡蹄載跋因
之熊掌味難兼關心忍聽離歌苦聚首深嗟別緒添便欲

與公同握粟卜居尋向泰人占
晝繡飄飄羅帶纖暫於榕下避天炎行藏用舍人難定離
合悲歡事每兼墟市籠煙風致遠池塘過雨漲痕添看餘
魚鳥秋光滿好玩羲爻變豹占
碧水灣灣樹影纖同堂眞有弟兄炎黃蕉丹荔香殊絶沉
李浮瓜味且兼鄉曲舊知犧酒共社中新喜豸冠添雞聲
喚醒東山夢早慰蒼生安石占

送王震所憲副左遷

煙纖纖復雨纖纖煙雨無端更冷炎乍見霜麾遵海耀忽
聽雷鼓與風兼龍光善世應隨遇豸繡便身自可添努力

加飡迓新寵　天王明聖不須占

匆匆歲序轉洪纖昨日春寒今日炎幸際休明連月侍鶯看文字五花兼自喚弱絮空中舞豈有奇葩錦上添最沐憐才頻說項可堪分手聚難占

走筆奉別陳省齋省齋爲饒州太守行鄉約立會規嚴溺女之禁歲活數千

十年瀰瀰錦纖纖風彩朝端舊赫炎折檻丹心非石轉搴帷赤舄有山兼閭閻曠見神君化戶口欣看女伴添豈謂亡猿林木及黿夫元自不容占

皇恩浩蕩偏微纖暫可歸帆一避炎越水秋風蓴膾足江門朝市菜蝦兼鶴脛任閣偏宜瘦鳧頸從生安用添早去

北垣司鎖鑰　彤庭還應五雲占

七月二十朝　江　西官署

醒夢廵簷行且吟四更人靜漏聲沉月乘雲度漢微沒風與日爭秋淺深苔蘚砌間晴上篆石榴花底暗飄金忽驚時序槐黃近側耳天南鴻鴈音

賀省亭殿下新居兼謝見贈

倚空樓閣衆同誇畫棟雕甍接太華七世藩垣　王子宅萬年屏翰　帝孫家竹苞春雨千尋碧桂樹秋風幾院花應有謫仙來受簡落成詩繪滿天霞天孫令望更堪誇風比清和月比華兩漢舊傳爲善樂盛

唐詐作大方家架中長貯三皇典筆底時開五色花自愧
疎狂承製作法星堂上燦明霞

滕王閣宴集括閣序送張憲長小圃年丈北轉

繡闥雕甍幾度秋江湖襟帶自悠悠逢迎千里仙人館賓
主一樽帝子洲聲斷衡陽驚鴈陣響窮彭蠡唱漁舟驂騑
上路扶搖接捧袂今辰且共游

萬里晨昏奉百齡迷津舸艦亦遡庭淇園綠竹今青笋鄴
水朱華舊紫荊臨別贈言懇短引遥吟逸興盼長亭襜帷
暫駐龍光射日下長安馳彩星

發南浦別郊餞諸丈丙子臘月

宦情鄉思兩漫漫深謝移尊帶雪寒去日苦多來日少別
時容易見時難雲連斷岸迷遥樹風引高帆過急灘回首
滕王江閣畔不勝愁緒撫闌干

人日喜晴用韻

春光淡淡水漫漫人日晴暉減舊寒卜歲應知民事泰樂
天寧怨路行難酒杯入夜邀新月簫管乘風過遠灘二十
三回來往慣真能一一數江干

走筆和黄秋宇見贈

當年堪笑是平原腕頴多時未入門荏苒落花嗟歲序蔞
迷芳草怨王孫天涯音信無鴻寄水閣荒凉有鶴存自分

封侯非骨相不龜洴澼豈須論
粤王臺北望中原微雨微雲擁塞門渺渺銀河迷月桂萋
萋文錦織天孫甘棠壯歲空留愛遺草他年倘問存三歎
馮唐容易老繁霜盈鬓可堪論
陰晴應是互根原賦就熹微日在門㛹入梅花迷蝶夢青
歸竹葉護龍孫頻看新歷知春到慣啖香芹幸老存閒向
芸窓讀周易一端眞趣與誰論

和韻

崎嶇尋壑復經邱狂態從來懶學愁灞上笑看丞相業顯
史寧爲子孫憂孤松對榻禁霜健敗絮便身作老謀臘盡

春風來向邇西疇植杖肯淹留

夜坐聞塔鈴

何處佳人雜珮瓊恍疑蓮步到寒更鏘鏘鐵馬迎風韻細細銅駝達夜聲幾度琅璫思罥道半天鐘磬落華清可堪迢遞關山夢羗到三城爲爾驚

聽鶴亭和韻 李定宇方伯作亭題詩和之

小山曾見省南東寓遠脩脩倚碧空豈謂微垣施巧匠亦移蓬島入新豐雙鳧曉浥花間露獨鶴時鳴竹外風最是仙郎無一事洗心高坐玉壺中

壺中日月此幽亭花自芳菲草自青水石兩壇眞適我東

西相向似橫經薰風滿院偏宜醉皓魄排窗正不扃歌到
南山詩太好壽星元有鶴龜形
石壇盤水夾幽亭影落西山萬仞青杜甫不須妨酒債陸
生元自有茶經春庭對月吟偏壯夜漏斜河戶未扃我欲
從君更移榻瀟蔔架下兩忘形

晴日登盍簪樓用海嶼韻祀與 丁丑春仲

三城處處是樓臺春望遥遥興未灰東去海門眞咫尺西
臨華柱亦蓬萊浮雲世界漂殘葉流水光陰落早梅舊日
盍簪詩總在幾人先上碧山隈 右一
野蕨墻梅亦華筵小爐殘火更烹鮮乍晴街市權元夜時

雨農家卜有年萊吐黄花金滿徑桃含碧蘂玉拖煙登樓極目春無限何處鴻音來遠天　右二

皇都舊跨鞍僻地且便新作業倚欄猶自北風寒忽憶有人來勸强爲官詩篇一一從頭和輿儒紛紛冷眼看種竹南園方十畝龍孫遲爾長千竿　右三

袖手休彈一柱琴羲皇世遠少知音獨看銀兎巖頭易三復銅人背后箴春去春來千古夢花開花落百年心晝晴倘有登臨興棊局詩囊共半岑　右四

十尺樓闌三尺臺碧山緑水自迴廻百年老樹春仍媚半畝方塘天亦開漫倚南山歌白石誰從東海問蓬萊安期

一去無回首且把新醪滿兎盃　右五

朱欄畫艇碧波心幾被風吹雨打沉晴日自除青藻盡晚天仍繫綠楊陰盃盤可泛元宵月稚子能翻白雪吟喧櫪散林人尚健何時還此盍華簪　右六

十洲草亭十首和玉田韻

少壯交遊翰墨中遠方問学羨楊雄六句冠掛登洲月九畹蘭飄楚水風繡畫紛紛還后輩絲雲細細繞長空等閒屈指吾鄉里投老光輝孰與同

誰把江門舊釣臺移於碧澗俯瀠洄無窮鷗鳥供吟弄更有漁翁共徃來物外風光眞絕境靜中天地亦初開十洲

春色四時在寄語閒花莫亂偕

春半孤村細雨時緼袍藤杖正相宜續餘楚客青湘賦歌遍南山白石詞丹竈幾曾遺果老龍泉何處覔安期且將新釀招朋侶肯作狂夫泣路悲　右春

小坐榕陰傍午移夏涼葵扇亦相隨微風斷續開浮藻曲徑週圍繞短籬村女隔溪時抱甕癡仙盡日自彈棋滄洲晚飯無供給漫把漁竿冷落垂　右夏

元都滄海事濱濱且擬人間知有亭秋水微茫隨地碧雲山家落隔江青喜看嘉客供新稻頻喚諸孫講舊經蘭砌芝園欣似續歌詩執禮日趨庭　右秋

笑折梅花可自由草亭觀物小開眸星周律轉歲華在冬
至陽生瑞藹流葛稚成丹留一訣桃源迷路忽千秋相逢
漁父爲傳語莫記武陵前度舟　右冬
風和日暖到天台千樹桃花雜草萊玉女捧巵開夜宴洞
簫吹月上瑶臺五銖霧縠香生袂七寶雲箏響絶埃堪笑
劉郎凡骨重來游此地却思回　右風
四圍碧荔鎖名園花滿芳蹊酒滿尊北浦北瞻連錦里西
樵西望見崑崙風清午枕添新夢潮長春洲過舊痕幾度
招邀遊未得可堪佳句照柴門　右花
佳句續紛下僻陬五雲璀璨映林邱雪白陽春歸大雅山

丹水碧占清幽肯將六物供垂釣擬向三江共泛舟涼冷
只今秋正好相期莫負採芳遊　右雪
我亦樵雲舊寄閒眞仙留藥駐童顏風高翠洞懷偏壯月
上紫姑興未慳綠竹依簷高復下紅荷映水淡仍殷秋深
肯訂來遊約千尺翳門還共攀　右月

走筆和玉田見示之作

望六年來大欠強遠心猶自不知量看花庭院迎風舞灌
藥階除引日長松竹入雲偏礙日蒹葭隔水未飄霜仙翁
倘許時過話喚婢烹鮮僕洗觴

趙穀陽太史東歸贈寄　此詩未寄

春風春日送仙槎珠海芳尊共物華　帝里九重同戀闕
師門八十講通家玩餘樵嶺清秋月銜碎羅浮古洞霞此
去不妨吟弄在蓬萊仍有萬年花
行藏用舍自浮槎當代宗工仰太華莫道林邱堪卜築應
憐寰宇本同家絲綸許補山龍衮風采看騰玉蝀霞飱菊
野人無所有送行聊折兩三花

浮邱社詩　上趙穀陽太史憲長

仙佩當年侍　冕旒承　恩來下古浮邱閒披逸典開名
境每與清人結勝遊詩比國風眞伯仲化如時雨總徽柔
玉堂明月歸　朝去應記童冠幾詠謳

聞說茲邱在海心洪濤千頃載浮沉天仙奕奕明開府水
鬼翩翩夜貢琛珧珮五章供法座珊瑚七尺照華林自從
代變滄桑后野草閒田直到今　右二
野草閒田遂闢廬上公新社集文儒繡裳白簡爭先后皓
首厖眉亦步趨勝地萬年開后學清風千古起凡夫不知
異日來遊者能續乾坤此意無　右三
晩沐胡然命此樓上公清暇得優遊彈琴寂靜薰風晝載
酒招邀白露秋野客或來時與坐隣雞飛過任追求因知
宰相汪汪度海濶天空物並收　右四
唐宋以前皆有記由來此地是仙家偷閒冉冉循芳徑縱

月悠悠感歲華漫把眞煙磨寫字旋淘丹井汲烹茶詩成
坐嘯無人和時向池塘數野花　右五
出郭爲尋方外勝登樓全覽洞中天澄潭鴨綠涵高樹晩
稻鷺黄遍下田萬里長空稀過鴈一林寒露有鳴蟬感懷
欲作悲秋賦幾度憑闌意惘然　右六

送及泉舍弟用甫舍姪西游

東風吹雨早凉生送爾西遊兩月程蘭薤酒傾荷葉滿洞
簫聲按竹枝淸隋珠有熠三千丈趙璧應酬十五城想到
高秋歸定日斑衣光映菊花明

春日過粹齋七弟墓

八載離家伴讀書恂恂終日見顔愚春風野水花枝瘦夜雨山窓燈火孤高第三年嗟露薤新阡諸子泣青芻不知朮了因緣在還許來生再結無

新春試筆用匾封君韻丙戌正月五日

山家寥落午煙浮煑茗携壺小徑遊凍雨自知松耐歲好風仍卜麥登秋漸看花落偏憐玉尚怯春寒且被裘遥望隔江多喜氣美人誰伴倚青樓

江國春來瑞靄浮招携清侶結春游過村舟楫隨寒水隔浦漁歌似早秋濁酒微酡晞鶴髮新詩無賴續貂裘太平父老同鄉井簫瑟何因賦庾樓

溔世乘桴海上浮三山眞有槳中遊丹書黙檢朝還夕錦里追歡春復秋直向天邊乖任鈞何曾澤畔着羊裘獨憐碧眼看溟渤處處凌空結蜃樓

夏日卽事

野塘一曲俯高樓雲白山青江自流陽月漸收芒種雨西風吹老稻花秋時淸海國家家樂日永山齋事事幽水步浴餘林下坐兒童齊唱去歸休

夏日賓館獨酌

柴門竹徑晝沉沉小院周圍綠滿林歲稔獨憐丹荔少春歸偏恨碧桃深淸歌倚瑟無人和白酒迎風祇自斟山外

有時荷蕢過似來潛聽伯牙音

端午後二日感懷

避暑苔磯客少過納涼竹徑更如何東風渡海三山近西水浮天五月多綠野有詩空在澗丹心無路獻卷阿四朝兩世恩光重報答未能鬢已皤

春臺惠紀 為嶌副王積齋作丙戌十一月

百年不見此非常災殄將相遍海荒水勢浮天秋渺渺江聲動地晚湯湯白鯋赤鯉遊官舍青雀黃龍傍女墻可是福星留一道精誠昭格藉安康

拜禱江神朝復昏其如洪潦合西崑浮天水送千溪沫入

夜潮添三丈痕巨浪撼城城欲墮長堤覆樹樹微存憲堂
拯溺憑高閣號泣蒼旻幾斷魂
極目西原日欲斜何當扁定更堪嗟村村敗屋盈秋草處
處頹垣噪暮蛙餘浸尚存那有穫遺黎半在巳無家應知
元老流恩渥賑恤蠲除澤未涯
曾爲太守五年餘撫字綏來費拮据鴈塔巍峩天柱聳星
河繚繞地靈儲黃堂化雨今彌潤　丹陛屏風姓早書令
望這回尤卓異嶺西能久借文輿
惠德歛音　爲太守鄭
洪水爲災近半年可堪峻嶺東長川頹流滾滾傾三峽巨

浸茫茫無一廛浪拍女墻咸太甚波揺官閣勢幾鶱端州孝肅精誠在泡沫危城賴帖然

萬家魚鱉一城孤漂渺江村類泛鳧七月以來天未悔三更之後鬼頻呼元公詰旦禱彌切太守連旬睡亦無昭格由來回造物蒸黎瀕溺幸更蘇

賀箕野七十一 丁亥正月十三日

壽域宏開碧玉林上元春色更駸尋水通西極源流遠花覆前溪雨露深幾度賓筵陪鄭重七旬 命服稱徽音江村煙火盈街市把酒題詩思不禁

正托茅君寫壽詩忽驚元夜太生奇雲間玉質烏裙使背

有紅顏長頟兒月朗朗吟天萬里風清清暝影參差數聲橫篴山邊過知是諸仙慶老箕用唐明皇揚州觀燈事雖方外之談亦八仙慶壽之意也

聞紫雲丈丹成志喜

秋色凄清沁玉壇幾回醒夢破邯鄲笛吹滄海濤偏惡書寄澄陽墨未乾九轉丹成眞異事三山桃熟倘同飡他年騎鶴碧空過指點江頭認石灘

賀匯玉田七十一用梁穗灣韻

青鬓半斑七十餘綵郎五彩侍庭除壽筵盛設秋風外錦軸敷陳水石居高興昔年應不減清吟近日更何如十洲

仙島花長滿我欲從君學釣魚

六十五壽晨玉田穗灣諸老見贈和韻 十月八日午刻

簫瑟秋聲感慨餘年來白髮不堪除誕辰喜伴松蘿宴風月偏添水竹居舊學傳箕歸二仲高才授簡羡相如不知明日還能飲且趂尊前食有魚

贈紫霞劉山人 昔次瀾求題紫霞號今十多年矣會面乃知其人高士也和舊韻以贈之

衣染壺岡小洞霞翛翛身世似無家初冬草屋驚飛錫盡日東籬共採花自是涇陽傳妙訣可曾勾漏覓丹砂何時更與孤山外鐵篴橫吹水月涯

奉和督府慶雲瑞鵲詩 有序

恭惟我

督府節翁劉公祖以直節立

朝以厚德惠下以豐功膺上爵以茂烈肈

皇圖其來蒞我兩廣也後生小子仰止高山然無

階可覿𨓏　公祖初至蒼梧匪頒先及既臨會

省錫宴有加焉於戎事旁午之秋與諸士大夫

杯酒殷勤從容閒暇其襟度不可量也佩蚤佩

委非但不鄙林泉衰朽雖　先朝狀元宰相子

孫落漠者爲之脩坊表閭非但簪紳蒙其肯援

雖皓白耆耇詢疾苦之外笑納其下里之歌儒
學諸生尤加作養有菁莪棫樸之風焉是以
神天默佑眞仙降格洞賓太白乘鸞輅以遥臨闕
聖張侯駕鶴驂而報喜旬月之内嶺海肅清珠
崖瓊旬商旅夜行三家之村外戸而不閉也嗟
乎盛矣暮春間公有慶雲瑞鵲之詠昭神報也
士夫多賡和者瑕僅得二句云白首喜陪珠履
宴彩毫應勵羽林營搜索枯腸未能續尾兹逢
華誕遐邇胥慶謹忘其荒陋刪戢蕪詞仰揚駿
烈兼致南山之祝諸弟兒姪各有頌歌皆感德

由衷不容已者附塵覽焉

慶雲五彩映江城虎旅歡欣破浪行吹角陣連三島月掛帆風送九天晴珠厓港嶼添新壘瓊甸桑麻遍舊營試向雲臺看姓字千年誰更嗣徽聲

喜鵲朝朝噪穗城元戎十乘啓先行蜃樓一望收空碧龍遂千艘喬晚晴露布早馳天北闕烽烟夜靜海西營東征將士磨崖在我欲從公紀駿聲

送聶瑶峯進士知南陵

三杯爲爾壯行驂醉裏長歌憶舊談八歲神童呼洞老十年諸子侍書函　彤庭雨露桃初碧花縣風流棠定甘知

到政成多令譽天曹虛席待華簪
羡爾通衢即要津江干鼓角不勝春設筵次第多父祖擊
楫高歌有碩人千里雲程偕女眷五章華服稱郎身政餘
細玩周南什早報螽斯慰老親

# 霍勉齋集卷之十

南海霍與瑕著

十三世孫　有光
　一世光　重梓
十二世孫進芳校序

詞菩薩蠻

江門憶別奉謝鄧親列位

莫春三月花盈島孤舟遠泛江門道嘉燕集姻親笙歌樂事殷　黄雲高萬丈紫水深無量不比欵留情汪汪沁入濱

登山臨水賡清調迎風坐竹舒長嘯江水綠悠悠歸心不

自由 維舟稱巨硯主客各引滿揖別掛孤帆思心不可
闌
東風吹水歸帆緊江門唱盡離携恨擊楫泛清流懷人無
限愁 含愁歌婉轉帶月隨風遠天晚更聞聲漁謳起遠
汀
夜航浮月歸江浦風清露白相思苦一別各天涯回頭望
眼賒 臨風長短句遠寄河淸渼努力且加飧關山咫尺
間

送邵墩所王年兄宰古田

東風昨夜柚新草送君遠出河涎道細柳暗長堤離魂望

欲迷　望迷驄白馬縹緲紅塵下旅思不勝孫況逢人別

予

與君念載秋風下一雙俱是少年者丹桂折高枝馨香滿

袖携　青春留不住歲月蹉跎去看取鬢毛根纖霜暗上

痕

分符遠宰閩江外皇恩浩蕩如滄海皂蓋擁烏紗君臨幾

萬家　陽春隨白馬人在棠陰下早掠古田焚歸來報聖

人

送將歸

流鶯送盡春郊草歸鴻漸度雲間道望眼入芳提分携思

欲迷　匆匆看去馬郎在衡門下后夜更何如一灣月伴
寻

八月朔日啓纜别慈谿二尹三尹馮袁諸君

東風迢遰江潮長孤帆半掛隨潮上晚稻散微花秋原幾
百家　别離無限意不語空流睇大際度黃雲歸鴻聲乍
聞

江邊細草隨時長斜倚古路無人上何處更寒花蕭條十
萬家　三年茶苦意拭盡瘖痍睇此去入樵雲蛩聲夜夜
聞

斯支契厚推兄長夜深幾坐哵蟾上秋月更春花三年講

世家　江心言别意欲掩多愁睇笛響遏行雲分携不忍
聞
奔波江海歸何晚江皐送客情何懶一别正深秋相思無
限愁　汪汪千頃度有恨識荆暮鄉里舊交游知君樂事
優
廁卅遡水江亭晚三夫執役應疲懶騷客舊傷秋短簫添
遠愁　青青芳草渡二子來何暮聯艇結新遊三杯與頗
優
四旬早解腰間帶今朝稍露狂夫態詩句落明霞秋香萬
樹花　清談更元妙不入時師調高興在西山孤松煙靄

間

李大華死事 癸亥

南鄉坐漱澄灣水悲歌忽墮天涯淚秋老落霜楓村村戰

朔風

朔風搖桂影金粟氷花冷深夜美嫦娥清光依舊

多

鍾柱南索乃翁堂齊壽詩走筆復來者之意

深山雞犬稀鳴吠月華秋冷飄丹桂折寄兩三枝將歸泛

寄巵

吹笙兼擊鼓郎作斑斕舞更把手攀高西天有瑞

桃

文章誰說黃絲吠看郎妙手攀仙桂桂子郁秋枝馨香落

酒卮　晝堂喧擊鼓何事盈歌舞兩兩入雲高臺椿對碧桃

詞最高樓

自少好詠歸去來兮昨醉自何古林所一路歌此而歸穩括其語爲調紀興乙丑十一月廿二日

歸來去歸去欲何之世與我相違浮雲富貴非吾願臨流衡宇足題詩旣以心爲形役獨奚悲　喜童僕歡迎山徑外欣穉子候門山院内壑窈窕景熹微東皐舒嘯聊孤往南窻寄傲復何疑實迷途云未遠是耶非

歸來去歸去對南山流眄以怡顔小園日涉自成趣衡門

雖設乃常關泉涓涓景翳翳易爲安　斷復續無心雲出岫上復下倦飛翁入圃閒翹首靜遐觀有時策杖扶流憇有時植杖且盤桓懷良辰乘大化任循環

歸來去歸去事西疇請息舊交遊羲皇一枕無閒夢琴書半榻可消憂木欣欣春浩浩水初流　且喜有親朋情話好更喜有壺觴堪佚老開小徑棹孤舟熹微夕照兼晨景崎嶇尋壑亦經邱感吾生善萬物共行休

送古林何先生北上

美鄉里鄉里後來賢誰道不如前圖書光霽還相接乾坤五百是何年並驅馳文獻駕菊坡鞭　看北斗七星何朗

耀看華岳諸峯何峻峭風清拖月明天好將湖海憂廊廟
莫辭將相作神仙盼河清圖負馬鳳翩蹮右括江門詩
包羲畫只在小園中春好萬花濃忘言獨立東風面何詩
可贈黑頭公問鳶魚鳶魚體本虛空　了六籍由來無一
字應萬務由來無一事堯舜業舞雩風且舒綠浪綠綸手
去依華衮補山龍他日來尋九老更參同右括江門詩
躬耕地昔日是南陽此日是南昌幸逢隆慶覲君子深追
遺詔起忠良水魚投雛鳳舞卧龍翔　聽闕下四更清漏
永聽朝吏午門開報緊乘月露珮玎瑺定知　天語溫存
後鞠躬盡力答穹蒼開誠心布公道澤多方右括出師表

初秋好已已在滁陽爲孟兩峰題詠歸卷也轉眼光陰又踰三歲念言增歎賡其調歌其一以牽牛織女事寄孤臣孽子之思焉其二懷樵山風月寄居樵弟姪爲惜陰之一助云耳

初秋好秋色上中林繁綠肅陰森府江舟楫經時序遥天音信故侵尋望佳人臨桂渚結芳襟　歎隔歲覓裳風度遠恨隔水烏橋星使晚倚玉樹寄孤吟凉飈一夜來衿枕三更殘夢見横參白華零芳草變意空深

中秋好遥想故山堂隨處是秋光銀蟾冷浸横塘影金風吹斷木犀香五六人童冠輩詠歌長　看木葉漸黄還漸

落望塞鴈漸歸還漸數凉露至欹羣芳光陰似箭催華鬓
書幃燈火亮無荒待真儒成耿介照嵩廊
高秋好風日漸蕭蕭客况故寥寥湘江落木寬空斷小山
叢桂隱誰招欝林洲潯貴水不通潮　聽幾陣鳴蟬聲欲
咽看幾陣歸鴻雲欲藏音信杳若天遥三城潦盡灣灣碧
夜江誰伴聽吹簫寄蒼梧千里月雜歌謡

詞

玉樓春

珠江論秀送梁蘭溪出貢

癡雲一月行春雨淸風昨夜吹雲去明明紅日出東山特
爲征人照皇路　銀燈鐵硯一生苦落盡泮宫花幾度今

朝雙袂去朝天遥見五雲侵殿柱用韓琦事

碧桃萬片飄紅雨惜春生怕春歸去及時結伴恣春游紫陌紅塵花一路　莫言半世多辛苦寒盡春來天有度但將佳句對春風彩筆高題司馬柱

天闕裕養戊辰六月二日爲楊奇伯

天闕久坐春山雨千紅落盡春歸去西堂寂寂自寒燈十載孤踪荒草路　鐵鞋踏破千山苦悟后眞成公自度籌成羅漢古形模清世狂瀾眞砥柱

西山半夜飄微雨推將炎暑天涯去三千禮樂對彤墀落筆文光映雲路　老成心事應無苦上苑有花春未度憑

君高折一枝紅去插江南蛟井柱　鐵柱生花蛟龍起

家學承源　戊辰六月二日爲湛連樵

師門久被當時雨青春歲月如流去四旬近五老門生羨爾同游京國路　玉河依舊關心苦駟馬高車今幾度好將六字呪風霆漱作五雲光殿柱　用張仙事

羅浮夜磬樵西雨吟風嘯月人何去承家此日見王孫芳草三春游遠路　莫言竽瑟清彈苦秣馬沉魚聽幾度世間多有知音人緊把徽弦調古柱

詞　卜算子

代洛厓送趙虛谷歸東

黄卷對青燈夜月兼朝雨半歲追趨情話多野院森森處乳燕送春風征鴈來雲路仙掌秋高獨鶴歸長嘯丹厓古屋角綴瓊枝澗底飄紅雨昨日東風今日秋造物無端處寄語東歸人子細尋真路試看武夷九曲溪逝水何今古惜别對秋風懷抱知他雨愧我終年耿百憂離索荒凉處天遠送孤舟極目雲間路艮悟蹉跎恨獨深歸對秋崖古

詞南歌子

挽邵水南僉憲

邵水南浙之餘姚人也瓊官慈谿寄邇餘姚時公服衰歸處未嘗識面公皈起復每逢海内士大

夫必亟稱瑕所以治慈者比憲吾廣瑕不敢足跡公門而公惓惓然顧我飲我且語曰當今知君者我也時方多故公鎮之以靜沉謀密畫事有緒矣廼倏以告逝瑕痛哲人之云亡而知己之永訣也詞以哀之用識隔世之感云

春夜追歡宴秋江洗甲兵忽驚冬日太凄清動地狂風吹落半天星　文藻應無價恩波舊有聲只今庭院草空青嶺外寒蛩處處不堪聽

珠履三千客金戈百萬兵指揮江海會朝清堪痛祁山早墜四更星　越水流寒咽霜風戰夜聲三年棠樹萋冬青

一路蒿歌士女掩涕聽

管子憐鮑叔嵇生哭步兵由來知己怨悽清何處松梢龍

劍掛衡星　楊栁翻新恨梅花促舊聲寂寥江外數峰青

從此高山流水有誰聽

詞

藏字木蘭花

用古林先生煙樹賦意奉贈

九霄丹鳳蓬山島裏閒歌弄五色文章來應薰弦集舜堂

羽儀廊廟呂和律宣眞絶妙看看卷阿八伯姬周洽太和

錚錚鐵幹千仞巖頭凌碧漢飽浥風霜慣聽人稱堪棟梁

一朝淸廟選柱巖廊𣁽古嶠月殿星盧遍覆人間共廣居

安朞白玉萬歲千秋登道籙一派曹溪睿知超全生以知月華光耀東海澄波升夕照吾道中和朗日晴春生意多南昌泮奐濂洛江門同一貫北日朝天二獻三英齊着鞭鬆包緊觕袖手傍觀看妙着變化無窮總在圖書奇偶中

詞

遣與寄太冲 丙辰下第在徐濟間舟中

越北燕南十五年六來六去此山川高岡鳴鳳幾時至枕石老龍三月眠　依緑樹俯清泉又從江北問歸船東風未用蒲葵扇且着單衣凉晚天

風㹈長林日欲斜江城薄暮轉新笳十年未宦三辭闕一

夜歸魂五到家　天上露日邊華碧桃紅杏爛明霞春風

是處無餘欠剩有羅浮千樹花

管領風霜舊腐儒歸來猶有度關繻三春細草連堤碧十

里垂楊遠驛孤　斟白酒擧青蔬東風湖海侶樵漁故人

天上經綸在知到鴈來書有無

白石清泉舊有期黃雲紫水是吾師休談董子天人策朗

誦淵明歸去辭　尋好伴趂良時路繞煙霞古洞西琴書

半榻清風足松菊一邱聊賦詩

詞

舍弟與瓔中戊午秋榜奉母氏謁外祖呂公墓

燕罷鹿鳴香霑桂露偕兒拜謁卄溪墓十二三時衣裳襤褸來往登洲路榕樹陰邊天妃廟口泣過澄江渡陟岡陟屺緣潭人遠曾憐此日辛苦晚歸來廚竈寒烟一縷冷飯殘茶無處淚偷垂怕向傍人訴憶別時楊母爲拭淚痕姊兒分餅西風吹斷天涯雨只今來拜荆墳蒿里依舊是晒紙山園橫塘古樹故舊兩三人畧記當年語不堪凄斷黄香一炷哀哀清淚秋旻暮誰說詩爲廢蓼莪章句

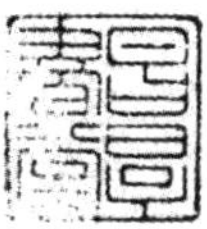